LES SILENCES
DU COLONEL BRAMBLE

T0384531

ANDRÉ MAUROIS

LES SILENCES
DU COLONEL BRAMBLE

Edited by
E. A. PHILLIPS, B.A.
and
E. G. LE GRAND, B.-ÈS-L.
Bradfield College

*Parmi les types d'homme que chacun de
nous peut espérer réaliser, il y en a peu de
meilleurs que celui du gentleman anglais,
avec ses goûts conventionnels, ses étalons
d'honneur, de religion, de sympathies,
d'opinions et d'instincts.* LECKY

CAMBRIDGE
AT THE UNIVERSITY PRESS
1956

CAMBRIDGE UNIVERSITY PRESS
Cambridge, New York, Melbourne, Madrid, Cape Town,
Singapore, São Paulo, Delhi, Mexico City

Cambridge University Press
The Edinburgh Building, Cambridge CB2 8RU, UK

Published in the United States of America by Cambridge University Press, New York

www.cambridge.org
Information on this title: www.cambridge.org/9781107621114

First edition 1920
Second edition 1926
First published 1926
Reprinted 1932, 1937, 1943, 1956
First paperback edition 2013

A catalogue record for this publication is available from the British Library

ISBN 978-1-107-62111-4 Paperback

CONTENTS

PAGE

PREFACE WRITTEN FOR THIS EDITION BY
M. ANDRÉ MAUROIS vii

INTRODUCTION ix

I LA BRIGADE ÉCOSSAISE FIT DISPUTER DES
CHAMPIONNATS 1

II CE GRAMOPHONE ÉTAIT L'ORGUEIL DU
COLONEL 6

III ET LE DOCTEUR O'GRADY PARLA DE LA
RÉVOLUTION RUSSE 11

IV LETTRE D'AURELLE 18

V IL PLEUVAIT DEPUIS QUATRE JOURS . . 23

VI LA CONVERSATION BRITANNIQUE EST UN JEU . 29

VII PUISQUE LE MAUVAIS TEMPS VOUS CONDAMNE
À LA CHAMBRE 35

VIII 0275, PRIVATE SCOTT 42

IX AURELLE NE TROUVA AU MESS QUE LE PADRE 46

X KISMET 51

XI LA PREMIÈRE ENTREVUE DE LA BRIGADE ET
DU VILLAGE 56

XII LE BOUCLIER D'ORION 63

XIII O MÛRE ET CHARMANTE ÉPICIÈRE . . 68

XIV QUELQUES PAGES DU JOURNAL D'AURELLE . 69

CONTENTS

PAGE

XV ON PRÉPARAIT UNE GRANDE ATTAQUE   .   76

XVI *CHANSON DU COMTE DE DORSET* .   .   .   84

XVII LA GUERRE SE JOUE DU TEMPS, DIT LE
DOCTEUR   86

XVIII TRANSMIS À TOUTES FINS UTILES   .   .   90

XIX LE DOCTEUR PARLE DES FOUS .   .   .   96

XX JE N'AIME PAS CETTE MAISON, DIT LE PADRE   102

XXI ESTRÉES   109

XXII *LE JARDIN PROVINCIAL S'ENDORT DANS LE
SOIR TENDRE*   116

XXIII LES CHÈVRES   117

XXIV LE COLONEL BRAMBLE AVAIT ÉTÉ NOMMÉ
GÉNÉRAL   123

NOTES   133

VOCABULARY OF MILITARY TERMS   .   .   153

PREFACE

Les Silences ont été écrits, pour la plus grande partie, de septembre 1915 à avril 1916, alors que j'étais interprète et attaché à la IXème Division Écossaise.

J'avais rejoint la division à Béthune quelques jours avant la bataille de Loos, et ce que j'ai vu de cette bataille est décrit au chapitre XV.

Après Loos les Puissances nous envoyèrent dans le secteur d'Ypres: j'étais logé dans un couvent voisin de Poperinghe, séjour délicieux. Mais dès que l'on traversait Ypres et qu'on allait dans le Saillant avec les bataillons, on s'apercevait que, comme disait le Colonel Bramble, la vie du soldat est parfois mêlée de réels dangers.

Les soirées du Mess étaient monotones, le gramophone du colonel ne suffisait pas à les remplir, et je rédigeais, au parfum des grogs éternels, mes impressions sur mes amis.

Il faut vous dire qu'avant cette guerre, beaucoup de Français conservaient à l'égard de l'Angleterre une défiance assez tenace: depuis la perte à son profit d'une partie de nos colonies, depuis Napoléon surtout, elle était pour nous la perfide Albion, puissante, par certains côtés admirable, mais d'un égoïsme invincible et redoutable.

Or ce que j'observais, ces êtres généreux, assez enfants, parfaitement loyaux, était bien loin de la légende. J'en venais à penser, comme le prince Lichnowsky: " Il n'y a pas de machiavélisme dans le caractère anglais."

Je n'étais pas le premier Français à dire ces choses :
Taine, Abel Hermant les avaient notées mieux que
moi, mais le hasard qui me faisait vivre, pendant
quatre années d'une crise nationale, de la vie même
de ces jeunes Anglais me permettait de goûter avec
passion la réelle noblesse du caractère que forment
vos Public Schools.

J'ai été heureux de voir, par les nombreuses lettres
que j'ai reçues, que la plupart des Français en étaient
venus comme moi à vous comprendre et à vous faire
confiance. Il faut maintenant que cette confiance
soit encouragée, que cette amitié survive à la guerre.
Pour cela il faut surtout que reste présente à votre
mémoire la France grave et courageuse que vous
avez admirée.

Vous vous souvenez de votre Lewis Carroll : " I
will never, never forget," the King said. " You
will though," the Queen said, " if you do not make
a memorandum of it."

Il faut que vous " fassiez un memorandum," et
quand on vous dira que la France est frivole et ca-
pricieuse (on vous le dit déjà, car nous avons des ennemis fidèles), pensez à telle vieille femme laborieuse
dont votre père vous a parlé, à tels soldats bleus
que votre frère admira dans la Somme, à de petits
champs bien cultivés, à une jeune fille timide, à un
coin de ciel, dites vous que la France est faite de ces
choses, qu'elle a beaucoup souffert, qu'elle a besoin
de vous, et que de son côté elle n'oublie point le
Colonel Bramble et ses Highlanders.

ANDRÉ MAUROIS.

INTRODUCTION

Les Silences du Colonel Bramble est un roman—un des classiques de la grande guerre—d'une lecture attrayante où l'on voit des officiers anglais qui causent entre eux à bâtons rompus. " Sous la forme d'un récit familier, qui s'interrompt, qui recommence, et qui donne à rire, à songer, qui a l'air d'une moquerie amicale et n'en est pas une, et qui est sérieux avec une gaieté exquise, le petit livre des ' Silences ' pourrait s'appeler: les Anglais comme ils sont, comme ils se moquent d'être, et comme ils savent bien qu'ils auraient tort de ne pas être, pour leur bonheur et pour l'enseignement du genre humain[1]."

M. Maurois a écrit un livre intelligent et même profond sous des apparences de gaieté, et qui fera beaucoup pour amener les Français et les Anglais à se comprendre mieux et à se respecter davantage. L'auteur est tout simplement un des trois ou quatre meilleurs romanciers français d'aujourd'hui.

Dans l'introduction à la seconde édition de la traduction anglaise des *Silences du Colonel Bramble* M. Maurois a bien voulu contribuer quelques lignes sur sa biographie, que nous devons à la courtoisie de Messrs John Lane de pouvoir reproduire ici.

Sa famille venait d'Alsace. Son grand-père avait une manufacture à Strasbourg, mais après la guerre de 1870 il dut quitter l'Alsace pour échapper au joug allemand. Il amena ses ouvriers avec lui, il

[1] *Revue des Deux Mondes*, Nov. 1919.

monta sa manufacture à Elbeuf en Normandie, et pour avoir conservé une industrie à la France, il reçut la Légion d'honneur.

M. André Maurois est né en Normandie en 1885. En 1902 il a passé sa licence ès lettres avec mention honorable, ce qui correspond à notre 'First' à Oxford. En 1903 il a remporté le prix d'honneur en Philosophie dans un concours ouvert à tous les lycées de France. Il n'y a pas en Angleterre d'épreuve correspondante.

Il voulait écrire, mais son père n'était plus jeune, et l'on avait besoin de ses services à l'usine; alors il dut mettre son ambition de côté et passer huit ans dans les affaires. Pendant ce temps il épousa Mademoiselle de Sienkiewicz, une des filles du comte C. de Sienkiewicz.

Alors la guerre est venue, et il a été nommé interprète à la Neuvième division écossaise. Il était à Loos, à Ypres avec cette division, et c'est là qu'il a reçu le 'D.C.M.' Enfin il a été promu au grade de lieutenant, et d'officier de liaison. Cependant, il tombait malade et était envoyé aux lignes de communication de l'État-Major à Abbeville, et c'est là qu'il est resté jusqu'à la fin de la guerre.

La vie militaire lui procura les loisirs nécessaires qui ont permis à M. Maurois de reprendre ses goûts d'antan, et c'est ainsi pendant qu'il était avec la division écossaise que 'Bramble' a été écrit.

E. A. P.
E. G. LE G.

Les Silences du Colonel Bramble

I

La Brigade Écossaise fit disputer ses championnats de boxe dans une belle grange flamande voisine de Poperinghe.

Quand tout fut fini, le général monta sur une chaise et d'une voix qui portait bien :

— Gentlemen, dit-il, nous avons vu aujourd'hui des combats remarquables, et je crois que, de ce spectacle, nous pouvons retenir quelques leçons utiles pour la lutte plus importante que nous allons bientôt reprendre. Restons calmes ; gardons nos yeux ouverts ; frappons peu, mais fort, et combattons jusqu'à la fin.

Trois hourras firent trembler la vieille grange ; les moteurs des voitures ronronnèrent à la porte. Le colonel Bramble, le major Parker et l'interprète Aurelle s'en allèrent à pied vers leur cantonnement parmi les houblonnières et les champs de betteraves.

— Nous sommes un drôle de peuple, dit le major Parker. Pour intéresser un Français à un match de boxe, il faut lui dire que son honneur national y est engagé ; pour intéresser un Anglais à une guerre, rien de tel que de lui suggérer qu'elle ressemble à un match de boxe. Dites-nous que le Hun est un barbare, nous approuverons poliment, mais dites-nous qu'il est mauvais sportsman et vous soulèverez l'Empire britannique.

— Par la faute du Hun, dit tristement le colonel, la guerre n'est plus un jeu de gentlemen.

— Nous n'imaginions pas, reprit le major, qu'il pût exister au monde de pareils goujats. Bombarder des villes ouvertes, c'est presque aussi impardonnable que de pêcher une truite avec un ver, ou de tuer un renard d'un coup de fusil.

— Il ne faut pas exagérer, Parker, dit le colonel froidement, ils n'ont pas encore été jusque là.

Puis il demanda poliment à Aurelle si la boxe l'avait diverti.

— J'ai surtout admiré, sir, la discipline sportive de vos hommes; les Highlanders, pendant les combats, se tenaient comme à l'église.

— Le véritable esprit sportif, dit le major, participe toujours de l'esprit religieux. Quand, il y a quelques années, l'équipe de football néo-zélandaise vint en Angleterre et que, dès son premier match, elle battit l'équipe nationale anglaise, le pays fut consterné comme si nous avions perdu cette guerre. Les gens dans la rue, dans les trains, montraient des visages longs. Puis les Zélandais battirent l'Écosse, puis l'Irlande: la fin du monde était arrivée.

Cependant restaient les Gallois. Le jour du match, cent mille personnes étaient réunies sur le terrain. Vous savez que les Gallois sont profondément religieux et que leur chant national, " Pays de nos pères," est en même temps une prière. Quand les deux équipes arrivèrent, toute la foule, hommes et femmes, exaltés et confiants, chantèrent avant la bataille cette hymne au Seigneur, et les Zélandais furent battus.   Ah! nous sommes un grand peuple.

— Mais oui, dit Aurelle, ému; vous êtes un grand peuple.

Il ajouta après un instant de silence:

— Mais vous aviez raison tout à l'heure aussi: vous êtes un drôle de peuple, par certains côtés, et vos jugements sur les hommes ne laissent pas parfois de nous surprendre. "Browne? dites-vous, on le croirait idiot, mais c'est une erreur: il a joué au cricket pour Essex." Ou encore: "A Éton, nous l'avions pris pour un imbécile, mais à Oxford, il nous a bien surpris; figurez-vous qu'il est ' + quatre' au golf, et qu'il fait cinquante-trois pieds en plongée!"

— Eh bien? dit le colonel.

— Ne croyez-vous pas, sir, que l'intelligence...

— Je hais les gens intelligents... Oh! je vous demande pardon, messiou.

— Ça, c'est très gentil, sir, dit Aurelle.

— Heureux que vous le preniez ainsi, grogna le colonel dans sa moustache.

Il parlait rarement et toujours par phrases brèves, mais Aurelle avait appris à goûter son humour sec et vigoureux et le sourire charmant qui fleurissait parfois dans ce visage rude.

— Mais ne trouvez-vous pas vous-même, Aurelle, reprit le major Parker, que l'intelligence soit estimée chez vous au-dessus de sa valeur réelle? Il est certes plus utile dans la vie de savoir boxer que de savoir écrire. Vous voudriez voir Éton respecter les forts en thème? C'est comme si vous demandiez à un entraîneur de chevaux de courses de s'intéresser aux chevaux de cirque. Nous n'allons pas au collège pour nous instruire, mais pour nous imprégner des préjugés de notre classe sans lesquels nous serions dangereux et malheureux.

Nous sommes comme ces jeunes Perses dont parle Hérodote et qui, jusqu'à l'âge de vingt ans, n'apprenaient que trois sciences : monter à cheval, tirer à l'arc et ne pas mentir.

— Soit, dit Aurelle, mais voyez pourtant, major, comme vous êtes des êtres imprévus. Vous méprisez les forts en thème et vous citez Hérodote. Bien mieux, je vous ai pris l'autre jour en flagrant délit, lisant dans votre abri une traduction de Xénophon. Bien peu de Français, je vous assure...

— C'est tout différent, dit le major. Les Grecs et les Romains nous intéressent, non comme objet d'études, mais comme ancêtres et comme sportsmen. Nous sommes les héritiers directs du mode de vie des Grecs et de l'empire des Romains. Xénophon m'amuse parce que c'est le type parfait du gentleman britannique : grand diseur d'histoires de chasse à courre, de pêche et de guerre. Quand je lis dans Cicéron : "Un scandale dans la haute administration coloniale. Graves accusations contre Sir Marcus Varron, gouverneur général de Sicile," vous comprenez bien que cela sonne à mes oreilles comme une vieille histoire de famille ; et qu'était-ce que votre Alcibiade, je vous prie, sinon un Winston Churchill, moins les chapeaux ?"

Le paysage autour d'eux était très doux aux yeux : le mont des Cats, le mont Rouge, le mont Noir encadraient de leurs lignes souples les nuages immobiles et lourds d'un ciel de maître hollandais. Les maisons des paysans, coiffées d'un chaume poli par le temps, se confondaient avec les champs voisins: leurs briques ternes avaient pris la couleur de la glaise jaunâtre. Seuls les volets gris bordés de vert mettaient une note vive et humaine dans ce royaume de la terre.

Le colonel montra du bout de sa canne un entonnoir tout frais, mais le major Parker, tenace dans ses propos, continua son discours favori:

— Le plus grand service que nous ont rendu les sports, c'est justement de nous préserver de la culture intellectuelle. On n'a heureusement pas le temps de tout faire: le golf et le tennis excluent la lecture. Nous sommes stupides...

— Quelle coquetterie, major! dit Aurelle.

— Nous sommes stupides, répéta avec vigueur le major Parker, qui n'aimait pas à être contredit, c'est une bien grande force. Quand nous nous trouvons en danger, nous ne nous en apercevons pas, parce que nous réfléchissons peu: cela fait que nous restons calmes et que nous en sortons presque toujours à notre honneur.

— Toujours, rectifia le colonel Bramble, avec une brièveté tout écossaise, et Aurelle, bondissant allégrement sur les crêtes des sillons aux côtés de ces edux colosses, comprit plus clairement que jamais que cette guerre finirait bien.

II

— Débarrassez la table, dit le colonel Bramble aux ordonnances, donnez-nous le rhum, un citron, du sucre, et renouvelez continuellement l'eau bouillante... Puis dites au planton de m'apporter le gramophone et la boîte de disques.

Ce gramophone, don d'une vieille dame chauvine aux highlanders, était l'orgueil du colonel. Il s'en faisait suivre partout, traitait l'instrument avec des soins délicats et le nourrissait chaque mois de disques nouveaux.

— Messiou, dit-il à Aurelle, que voulez-vous entendre? Les Bing Boys, Destiny Waltz ou Caruso?

Le major Parker et le docteur O'Grady vouèrent solennellement Edison aux enfers; le Padre leva les yeux au ciel.

— Tout ce que vous voudrez, sir, dit Aurelle, sauf Caruso.

— Pourquoi? dit le colonel. C'est un très beau disque: il coûte vingt-deux shillings. Mais je veux d'abord vous faire entendre ma chère mistress Finzi-Magrini dans la Tosca... Docteur, je vous prie, réglez-le... Je ne vois pas très bien... Vitesse: 61... N'égratignez pas le disque, pour l'amour de Dieu!

Il se laissa retomber sur sa caisse à biscuits, s'adossa confortablement à la paroi de sacs et ferma les yeux. Son rude visage se détendit.

Le Padre et le docteur jouaient aux échecs ; Parker remplissait pour l'état-major de la brigade de longs questionnaires imprimés. En avant du petit bois dentelé par les obus, des flocons blancs, autour d'un avion, piquaient un ciel adorable, lac vert pâle bordé de bruyères. Aurelle commença une lettre.

— Padre, dit le docteur, si vous allez demain à la division, demandez-leur de m'envoyer des couvertures pour nos cadavres boches. Vous avez vu celui que nous avons enterré ce matin ? Les rats en avaient mangé la moitié : c'est indécent... Échec au roi.

— Oui, dit le Padre, ce qui est curieux, c'est qu'ils commencent toujours par le nez !...

Par-dessus leurs têtes une batterie lourde anglaise se mit à pilonner la ligne allemande ; le Padre sourit largement :

— Il y aura du vilain ce soir aux carrefours, dit-il avec satisfaction.

— Padre, dit le docteur, n'êtes-vous pas le ministre d'une religion de paix et d'amour ?

— My boy, le Maître a dit que nous devons aimer les hommes ; il n'a jamais dit que nous devons aimer les Allemands ... Je vous prends votre cavalier.

Le Révérend MacIvor, vieux chapelain militaire, au visage recuit par le soleil des colonies, acceptait cette vie guerrière et douloureuse avec l'enthousiasme d'un enfant. Quand les hommes étaient aux tranchées, il les visitait chaque matin, les poches bourrées de livres d'hymnes et de paquets de cigarettes. A l'arrière, il s'essayait au lancement de grenades et déplorait que son ministère lui interdît les cibles humaines.

Le major Parker interrompit brusquement son travail pour maudire les états-majors à visières dorées et leurs questionnaires saugrenus.

— Lorsque j'étais dans l'Himalaya, à Chitral, dit-il, quelque casquette rouge lointaine nous assigna un thème de manœuvres échevelé en vertu duquel, entre autres détails, l'artillerie devait traverser un défilé de rochers calcaires à peine assez large pour un homme très mince.

Je télégraphiai : " Reçu thème : expédiez immédiatement cent tonneaux de vinaigre."

— Prière vous présenter à médecin chef de service pour examen mental, remarqua courtoisement l'état-major.

— Relisez campagne Hannibal, leur répondis-je.

— Vous avez réellement envoyé ce télégramme ? dit Aurelle... Dans l'armée française, vous auriez passé en conseil de guerre.

— C'est, dit le major, que nos deux nations ne se font pas la même idée de la liberté... Pour nous, les " droits imprescriptibles de l'homme " sont le droit à l'humour, le droit aux sports et le droit d'aînesse.

— Il y a, à l'état-major de la brigade, dit le Padre, un capitaine qui doit avoir reçu de vous des leçons de correspondance militaire. L'autre jour, étant sans nouvelles d'un de mes jeunes chapelains qui nous avait quittés depuis plus d'un mois, j'adressai une note à la brigade.

" Le Révérend Carlisle a été évacué le 12 septembre ; je désirerais savoir s'il va mieux et si une nouvelle affectation lui a été donnée."

La réponse de l'hôpital disait simplement :

" (1) État stationnaire.

(2) Destination ultérieure inconnue."

La brigade, en me la transmettant, avait ajouté : " On ne comprend pas clairement si ce dernier paragraphe se rapporte à l'unité à laquelle sera éventuellement attaché le révérend Carlisle ou à son salut éternel."

L'air italien s'achevait en roulades victorieuses.

— Quelle voix ! dit le colonel, entr'ouvrant les yeux avec regret.

Il arrêta soigneusement le disque et le coucha avec amour dans son étui :

—Maintenant, messiou, je vais jouer *Destiny Waltz*.

On devinait au dehors les lueurs des fusées qui montaient et descendaient doucement ; le Padre et le docteur décrivaient encore leurs cadavres tout en manœuvrant prudemment les pièces d'ivoire du petit échiquier ; le canon et la mitrailleuse, coupant le rythme voluptueux de la valse, en firent une sorte de symphonie fantastique qu'Aurelle goûta assez vivement. Il continua sa lettre en vers faciles.

> La Mort passe ; le Destin chante ;
> Vite, oublie-moi.
> Tes robes noires sont charmantes :
> Mets-les six mois.
>
> Garde-toi de venir en pleurs
> M'offrir des roses ;
> Aux vivants réserve tes fleurs
> Et toutes choses.

Il ne faut pas m'en vouloir, mon amie, si je tourne

*au plus plat des romantismes : un clergyman et un médecin, à côté de moi, s'obstinent à jouer les fossoyeurs d'*Hamlet...

> Ne me plains pas, je dormirai
> Sans barcaroles,
> Et de mon corps je nourrirai
> Des herbes folles...
>
> Mais si, par quelque soir d'automne
> Ou de brouillard,
> Pour ton visage de madone
> Tu veux le fard
>
> De cet air de mélancolie
> Que j'aimais tant,
> Alors oublie que tu m'oublies
> Pour un instant.

— Messiou, dit le colonel, vous aimez ma valse ?

— Je l'aime infiniment, sir, dit Aurelle, sincère.

Le colonel lui adressa un sourire reconnaissant :

— Je vais la rejouer pour vous, messiou... Docteur, réglez le gramophone plus doucement... Vitesse : 59. N'égratignez pas le disque... Pour vous cette fois, messiou.

BOSWELL.—Why then, sir, did he talk so?
JOHNSON.—Why, sir, to make you answer as you did.

III

Les batteries s'endorment, le major Parker répond
à des questionnaires de la brigade; les ordonnances
apportent le rhum, le sucre et l'eau bouillante; le
colonel met le gramophone à la vitesse 61 et le
docteur O'Grady parle de la Révolution Russe.

— Il est sans exemple, dit-il, qu'une révolution ait
laissé au pouvoir après elle les hommes qui l'avaient
faite. On trouve cependant encore des révolution-
naires: cela prouve combien l'histoire est mal ensei-
gnée.

— Parker, dit le colonel, faites passer le porto.

— L'ambition, dit Aurelle, n'est tout de même pas
le seul mobile qui fasse agir les hommes; on peut
être révolutionnaire par haine du tyran, par jalousie,
et même par amour de l'humanité.

Le major Parker abandonna ses papiers.

— J'ai beaucoup d'admiration pour la France,
Aurelle, surtout depuis cette guerre, mais une chose
me choque dans votre pays, si vous me permettez de
vous parler sincèrement, c'est votre jalousie égali-
taire. Quand je lis l'histoire de votre Révolution,
je regrette de n'avoir pas été là pour boxer Robes-
pierre et cet horrible fellow Hébert. Et vos sans-
culottes... *Well*, cela me donne envie de m'habiller
de satin pourpre brodé d'or et d'aller me promener
sur la place de la Concorde.

Le docteur laissa passer une crise de délire par-
ticulièrement aiguë de Mistress Finzi-Magrini et reprit:

— L'amour de l'humanité est un état pathologi-
que d'origine sexuelle qui se produit fréquemment à
l'époque de la puberté chez les intellectuels timides :
le phosphore en excès dans l'organisme doit s'élimi-
ner d'une façon quelconque. Quant à la haine du
tyran, c'est un sentiment plus humain et qui a beau
jeu en temps de guerre, alors que la force et la foule
coïncident. Il faut que les empereurs soient fous
furieux quand ils se décident à déclarer ces guerres
qui substituent le peuple armé à leurs gardes pré-
toriennes. Cette sottise faite, le despotisme produit
nécessairement la révolution jusqu'à ce que le ter-
rorisme amène la réaction.

— Vous nous condamnez donc, docteur, à osciller
sans cesse de l'émeute au coup d'État?

— Non, dit le docteur, car le peuple anglais, qui
avait déjà donné au monde le fromage de Stilton et
des fauteuils confortables, a inventé pour notre salut
à tous la soupape parlementaire. Des champions
élus font désormais pour nous émeutes et coups
d'État en chambre, ce qui laisse au reste de la
nation le loisir de jouer au cricket. La presse com-
plète le système en nous permettant de jouir de ces
tumultes par procuration. Tout cela fait partie du
confort moderne et dans cent ans tout homme blanc,
jaune, rouge ou noir refusera d'habiter un apparte-
ment sans eau courante et un pays sans parlement.

— J'espère que vous vous trompez, dit le major
Parker; je hais les politiciens et je veux, après la

guerre, aller vivre en Orient, parce que le gouvernement des bavards y est ignoré.

— My dear major, pourquoi diable mêler à ces questions vos sentiments personnels? La politique est soumise à des lois aussi nécessaires que le mouvement des astres. Vous indignez-vous qu'il y ait des nuits obscures parce que vous aimez le clair de lune? L'humanité repose sur un lit incommode. Quand le dormeur est trop meurtri, il se retourne, c'est la guerre ou l'émeute. Puis il se rendort pour quelques siècles. Tout cela est bien naturel et se ferait sans trop de souffrances si l'on n'y mêlait point d'idées morales. Les crampes ne sont pas des vertus. Mais chaque changement trouve, hélas, ses prophètes, qui, par amour de l'humanité, comme dit Aurelle, mettent à feu et à sang ce globe misérable!

— Cela est fort bien dit, docteur, dit Aurelle, mais je vous retourne le compliment: pourquoi, si tel est votre sentiment, vous donnez-vous la peine d'être vous-même homme de parti? Car vous êtes un damné socialiste.

— Docteur, dit le colonel, faites passer le porto.

— Hé! dit le docteur, c'est que j'aime encore mieux être persécuteur que persécuté. Il faut savoir reconnaître l'arrivée de ces bouleversements périodiques et s'y préparer. Cette guerre amène le socialisme, c'est-à-dire le sacrifice total de l'individu d'élite au Léviathan. Ce n'est en soi ni un bien, ni un mal: c'est une crampe. Tournons-nous donc de bon gré jusqu'à ce que nous sentions à nouveau que nous serons mieux de l'autre côté.

— C'est une théorie parfaitement absurde, dit le

major Parker, en avançant avec colère son menton carré et puissant, et si vous l'adoptez, docteur, il faut renoncer à la médecine! Pourquoi intervenir pour arrêter le cours des maladies? Ce sont, elles aussi, pour parler comme vous, des bouleversements périodiques et nécessaires. Mais si vous prétendez combattre la tuberculose, ne me refusez pas le droit d'attaquer le suffrage universel.

Le sergent infirmier entra et pria le docteur O'Grady de venir voir un blessé: le major Parker resta seul maître du champ de bataille. Le colonel, qui avait horreur des conflits d'opinions, voulut en profiter pour parler d'autre chose.

— Messiou, dit-il, quel est le déplacement de votre plus grand cuirassé?

— Soixante mille tonnes, sir, risqua Aurelle à tout hasard.

Ce choc imprévu mit le colonel hors de combat et Aurelle demanda au major Parker ce qu'il reprochait au suffrage universel.

— Mais ne voyez-vous pas, mon pauvre Aurelle, que c'est une des idées les plus extravagantes que l'humanité ait jamais conçues? Notre régime politique sera dans mille ans universellement considéré comme plus monstrueux que l'esclavage. Un bulletin de vote par homme, quel que soit l'homme! Payez-vous un bon cheval le même prix qu'un carcan?

— Connaissez-vous, interrompit Aurelle, l'immortel raisonnement de notre Courteline? Pourquoi donnerais-je douze francs pour un parapluie quand je puis avoir un bock pour six sous?

— Les hommes égaux en droits! continua le major, véhément. Pourquoi pas en courage et en suc gastrique, pendant que vous y êtes?

Aurelle aimait les discours passionnés et plaisants du major et, pour nourrir la discussion, dit qu'il ne voyait guère comment on pouvait refuser à un peuple le droit de choisir ses chefs.

— De les contrôler, Aurelle, soit, mais de les choisir, jamais! Une aristocratie ne peut pas être élue: elle est, ou elle n'est pas. Comment? Si je prétendais choisir le commandant en chef ou le directeur de Guy's Hospital, on m'enfermerait; mais si je désire avoir une voix pour l'élection du chancelier de l'Échiquier ou du premier lord de l'Amirauté, je suis un bon citoyen!

— Ceci n'est pas tout à fait exact, major; les ministres ne sont pas élus.   Notez bien que je trouve avec vous notre système politique imparfait, mais toutes les choses humaines le sont.   Et puis, " la pire des Chambres vaut mieux que la meilleure des antichambres."

— J'ai jadis piloté à Londres, répondit le major, un chef arabe qui m'honorait de son amitié, et comme je lui avais montré la Chambre des Communes et expliqué son fonctionnement: "Cela doit vous donner bien du mal, me dit-il, de couper ces six cents têtes quand vous n'êtes pas contents du Gouvernement."

— Messiou, dit le colonel excédé, je vais jouer *Destiny Waltz* pour vous.

Le major Parker garda le silence tandis que la valse déroulait ses phrases balancées, mais il ruminait des rancunes anciennes contre " cet horrible fellow Hébert " et, dès que le disque fit entendre le grincement final, il lança contre Aurelle une nouvelle attaque.

— Quel avantage, dit-il, les Français ont-ils pu trouver à changer de gouvernement huit fois en un siècle ? L'émeute était devenue chez vous une institution nationale. En Angleterre, il serait impossible de faire une révolution. Si des gens s'assemblaient près de Westminster en poussant des cris, le policeman leur dirait de s'en aller et ils s'en iraient.

— En voilà une histoire ! dit Aurelle, qui n'aimait guère la Révolution, mais qui croyait devoir défendre une vieille dame française contre cet ardent Normand ; il ne faudrait pourtant pas oublier, major, que vous aussi vous avez coupé la tête à votre roi : aucun policeman n'est intervenu pour sauver Charles Stuart, que je sache.

— L'assassinat de Charles Ier, dit le major, a été le fait du seul Cromwell ; cet homme Olivier était un excellent colonel de cavalerie, mais il ne comprenait rien aux sentiments du peuple anglais : on le lui fit bien voir au moment de la Restauration.

Sa tête, qui avait été embaumée, fut plantée sur une pique au-dessus de Westminster, où on l'oublia jusqu'au jour où le vent, brisant le bois de la pique, fit rouler la tête aux pieds d'une sentinelle. Le soldat la rapporta à sa femme, qui la conserva dans une boîte. L'héritier actuel de ce soldat est un de mes amis et j'ai souvent pris le thé en face de la tête du Protecteur, emmanchée sur un bois de pique. On reconnaît très bien la cicatrice qu'il avait sur la joue gauche.

— Houugh, grogna le colonel, intéressé pour la première fois par cette conversation.

— D'ailleurs, continua le major, la révolte anglaise n'avait ressemblé en rien à la Révolution française : elle n'a pas affaibli les classes dirigeantes. Au fond, toute la mauvaise besogne de 1789 avait été préparée par Louis XIV. Au lieu de laisser à votre pays l'armature forte d'une noblesse résidente, il a fait de ses grands les pantins ridicules de Versailles, chargés de lui passer sa chemise. En détruisant le prestige d'une classe qui devait être le soutien naturel de la monarchie, il a ruiné celle-ci sans remède, et c'est dommage.

— Il vous est bien facile de nous critiquer, dit Aurelle, nous avons fait votre Révolution pour vous : l'événement le plus important de l'histoire d'Angleterre a été la prise de la Bastille. Et vous le savez bien.

— Bravo, messiou, dit le colonel, défendez votre pays : il faut toujours défendre son pays... Et maintenant faites passer le porto ; je vais vous jouer le *Mikado*...

IV

Lettre d'Aurelle

Quelque part en France.

Les soldats passent en chantant:
" Mets tes soucis dans ta musette."
Il pleut, il vente, il fait un temps
A ne pas suivre une grisette.
Les soldats passent en chantant,
Moi, je fais des vers pour Josette;
Les soldats passent en chantant:
" Mets tes soucis dans ta musette."

Un planton va dans un instant
M'apporter de vieilles gazettes:
Vieux discours de vieux charlatans,
" Mets tes soucis dans ta musette."
Nous passons nos plus beaux printemps
A ces royales amusettes;
Les soldats passent en chantant:
" Mets tes soucis dans ta musette."

La pluie, sur les vitres battant,
Orchestre, comme une mazette,
Quelque prélude de Tristan,
" Mets tes soucis dans ta musette."
Demain sans doute un percutant
M'enverra faire la causette
Aux petits soupers de Satan.
" Mets tes soucis dans ta musette."
Les soldats passent en chantant.

Un matin gris se lève sur la plaine spongieuse.
Aujourd'hui sera ce qu'a été hier, demain ce qu'aujourd'hui aura été. Le docteur me dira, en agitant

les bras: "Très triste, messiou," et il ne saura pas ce qui est triste, moi non plus. Puis il me fera une conférence humoristique dans un style intermédiaire entre celui de M. Shaw et celui de la Bible.

Le Padre écrira des lettres, étalera des réussites et montera à cheval. Le canon tonnera: des Boches seront tués, des nôtres aussi. Nous aurons au lunch du bœuf conservé et des pommes de terre bouillies, la bière sera détestable et le colonel me dira: " Bière française no bonne, messiou."

Le soir, après un dîner de mouton mal cuit (sauce à la menthe) et de pommes de terre bouillies, viendra l'heure auguste du gramophone. Nous entendrons les *Arcadians*, le *Mikado*, puis *Destiny Waltz*, " pour vous, messiou," et *Mistress Finzi-Magrini*, pour le colonel, puis enfin *Lancashire Ramble*. J'ai pour mon malheur, lorsque pour la première fois j'entendis cet air de cirque, imité un jongleur rattrapant ses boules en mesure. Cette petite comédie a désormais sa place dans les traditions du mess et si, ce soir, j'oubliais, aux premières notes du *Ramble*, de jouer mon rôle, le colonel me dirait: " Allons, messiou, allons," en esquissant des jongleries, mais je sais mes devoirs et je n'oublierai pas.

Car le colonel Bramble n'aime que les spectacles familiers et les plaisanteries qui ont de la bouteille.

Son numéro favori est le récit par O'Grady d'un départ en permission. Quand il est de mauvaise humeur, quand un de ses vieux amis a été nommé brigadier général ou fait compagnon de l'Ordre du Bain, ce récit peut seul lui arracher un sourire. Il le sait par cœur et, comme les enfants, arrête le docteur si celui-ci passe une phrase ou change la forme d'une réplique.

"Non docteur, non; l'officier de marine vous a dit:

— Quand vous entendrez quatre violents, courts, coups de sifflet, c'est que le bateau aura été torpillé —et vous avez répondu:

— Et si la torpille enlève le sifflet?"

Le docteur, ayant retrouvé sa page, continue.

Parker, lui aussi, a découvert un jour une phrase qui connaît désormais les plus brillants succès; il l'a cueillie dans une lettre adressée au *Times* par un chapelain.

"La vie du soldat, écrivait cet excellent homme, est une vie très dure, parfois mêlée de réels dangers."

Le colonel goûte profondément l'humour inconscient de cette formule et la cite volontiers quand un obus le cingle de cailloux. Mais sa grande ressource, si la conversation se spécialise et l'ennuie, est de contre-attaquer le Padre sur un de ses deux points faibles: les évêques et les Écossais.

Le Padre, qui vient des Highlands, montre un patriotisme local farouche et exclusif. Il est convaincu que seuls les Écossais jouent le jeu et se font réellement tuer.

"Si l'histoire est juste, dit-il, cette guerre ne s'appellera pas la guerre européenne, mais la guerre de l'Écosse contre l'Allemagne."

Le colonel est Écossais lui-même, mais il est juste et toutes les fois qu'il trouve dans les journaux des listes de pertes de la Garde irlandaise ou des Fusiliers gallois, il les lit à haute voix au Padre qui pour défendre ses positions doit soutenir que les Fusiliers gallois et la Garde irlandaise se recrutent à Aberdeen: il n'y manque pas.

Tout cela doit vous paraître un peu puéril, mon amie, mais ces enfantillages éclairent seuls notre triste vie de Robinsons bombardés. Oui, ces hommes admirables sont par certains côtés demeurés des enfants: ils en ont le teint rose, le goût profond des jeux, et notre abri rustique m'apparaît bien souvent comme une nursery de héros.

Mais j'ai en eux une confiance infinie: leur métier de constructeurs d'empire leur a inspiré une haute idée de leurs devoirs d'hommes blancs. Le colonel, Parker sont des "sahibs" que rien ne fera dévier de la route qu'ils auront choisie. Mépriser le danger, tenir sous le feu, ce n'est même pas à leurs yeux un acte de courage, cela fait simplement partie d'une bonne éducation. D'un petit bouledogue qui tient tête à un gros chien, ils disent gravement: "C'est un gentleman."

Et un gentleman, un vrai, c'est bien près d'être, voyez-vous, le type le plus sympathique qu'ait encore produit l'évolution du pitoyable groupe de mammifères qui fait en ce moment quelque bruit sur la terre. Dans l'effroyable méchanceté de l'espèce, les Anglais établissent une oasis de courtoisie et d'indifférence. Les hommes se détestent; les Anglais s'ignorent. Je les aime beaucoup.

Ajoutez que c'est une bien sotte erreur que de les croire moins intelligents que nous, quelque vif plaisir que mon ami le major Parker semble trouver à l'affirmer. La vérité est que leur intelligence suit des méthodes différentes des nôtres: également éloignée de notre rationalisme classique et du lyrisme pédant des Allemands, elle se complaît dans un bon sens vigoureux et dans l'absence de tout système. De là un ton simple et naturel que rend plus charmant encore le goût de ce peuple pour l'humour.

Mais je vois par la fenêtre que l'on amène mon cheval : il me faut donc aller chez des fermiers grinchus et obtenir de la paille pour le quartermaster, qui prétend bâtir des écuries. Vous, cependant, vous meublez des boudoirs et choisissez, ô guerrière, des soies doucement pékinées :

> Dans votre salon directoire
> (Bleu lavande et jaune citron)
> De vieux fauteuils voisineront
> Dans un style contradictoire
> Avec un divan sans histoire
> (Bleu lavande et jaune citron).
>
> A des merveilleuses notoires
> (Bleu lavande et jaune citron)
> Des muscadins à cinq chevrons
> Diront la prochaine victoire,
> En des dolmans ostentatoires
> (Bleu lavande et jaune citron).
>
> Les murs nus comme un mur d'église
> (Bleu lavande et jaune citron)
> Quelque temps encore attendront
> Qu'un premier consul brutalise
> Leur calme et notre Directoire
> De son visage péremptoire
> (Œil bleu lavande et teint citron).

— Êtes-vous un poète ? m'a dit avec méfiance le colonel Bramble, qui me voit aligner des phrases courtes et de longueur égale.

Je proteste.

V

Il pleuvait depuis quatre jours. Les gouttes massives tambourinaient en un trémolo monotone la toile incurvée de la tente. Au dehors, dans la prairie, l'herbe avait disparu sous la boue jaunâtre, où les pas des hommes imitaient les claquements d'une langue de géant.

" Et la terre était corrompue, récita le Padre, et Dieu dit à Noé: Fais-toi une arche de bois; tu feras l'arche par compartiments et tu l'enduiras de bitume par dedans et par dehors.

" Et en ce jour-là toutes les fontaines du grand abîme furent rompues et les bondes des cieux furent ouvertes," continua le docteur.

" Ce déluge, ajouta-t-il, fut un événement réel, car sa description est commune à toutes les mythologies orientales. Ce fut sans doute un raz de marée de l'Euphrate; c'est pourquoi l'arche fut repoussée vers l'intérieur des terres et vint échouer sur une colline. Des catastrophes semblables se produisent souvent en Mésopotamie et aux Indes, mais elles sont rares en Belgique."

— Le cyclone de 1876 a tué 215,000 personnes au Bengale, dit le colonel. Messiou, faites circuler le porto, s'il vous plaît.

Le colonel adorait les renseignements numériques pour le grand malheur d'Aurelle qui, incapable de se rappeler un chiffre, était chaque jour interrogé sur le nombre d'habitants d'un village, les effectifs de l'armée serbe ou la vitesse initiale de la balle française.

Il prévit avec terreur que le colonel allait lui demander la hauteur moyenne des pluies en pieds et pouces dans les Flandres et se hâta de tenter une diversion.

— J'ai trouvé à Poperinghe, dit-il en montrant le livre qu'il lisait, un vieux bouquin bien curieux. C'est une description de l'Angleterre et de l'Écosse par le Français Étienne Perlin, Paris, 1558.

— Houugh, que dit ce mister Perlin? dit le colonel, qui avait pour les vieilles choses la même estime que pour les vieux soldats.

Aurelle ouvrit au hasard et traduisit:

"…Après le dîner, on enlève la nappe et les dames se retirent. La table est de beau bois des Indes bien lisse et des récipients du même bois supportent les bouteilles. Le nom de chaque vin est gravé sur une plaque d'argent attachée au col de la bouteille; les convives choisissent chacun le vin qu'ils désirent et boivent avec le même sérieux que s'ils faisaient pénitence, tout en proposant la santé de personnages éminents ou de beautés à la mode: c'est ce qu'ils appellent des toasts."

— J'aime les " beautés à la mode," dit le docteur; le porto prendrait peut-être quelque charme pour Aurelle, il pourrait l'offrir en libation à Gaby Deslys ou à Gladys Cooper.

—Les toasts, dit le colonel, sont fixés pour chaque jour de la semaine: lundi, nos hommes; mardi, nous-mêmes; mercredi, nos épées; jeudi, nos sports; vendredi, notre religion; samedi, nos fiancées ou nos femmes, et dimanche, nos amis absents et les vaisseaux en mer.

Aurelle continua sa lecture :

"L'origine de ces toasts est entièrement barbare et l'on m'a dit que les highlanders de l'Écosse, peuplades demi-sauvages qui vivent dans un état de perpétuelle discorde... "

— Écoutez cela, Padre, dit le colonel, relisez, messiou, pour le Padre.   L'on m'a dit que les highlanders de l'Écosse...

" —... peuplades demi-sauvages qui vivent dans un état de perpétuelle discorde, ont gardé à cette coutume son caractère original.   Boire à la santé de quelqu'un, c'est le prier de veiller sur vous pendant que vous buvez et que vous vous trouvez sans défense.   Aussi la personne à laquelle vous buvez répond-elle : ' Iplaigiu,' ce qui veut dire en leur langage : ' Je vous garantis '; puis elle tire son poignard, en place la pointe sur la table et vous protège jusqu'à ce que votre verre soit vide... "

— Voilà donc pourquoi, dit le major Parker, les pots d'étain que l'on donne comme prix de golf et d'escrime ont toujours un pied en verre à travers lequel on peut voir venir le fer des assassins.

— Faites circuler le porto, messiou, dit le colonel, je veux boire un second verre à la santé du Padre pour l'entendre répondre : " Iplaigiu " et le voir placer sur la table la pointe de son poignard.

— Je n'ai qu'un couteau suisse, dit le Padre.

— Cela fera l'affaire, dit le colonel.

— Cette théorie de l'origine des toasts est très vraisemblable, dit le docteur ; nous répétons sans cesse

des gestes ancestraux qui sont pour nous dépourvus
de toute utilité. Quand la grande actrice veut expri-
mer la haine, elle retrousse ses lèvres charmantes et
montre ses canines, en souvenir inconscient d'instincts anthropophagiques. Nous serrons la main à
nos amis pour éviter qu'ils ne l'emploient à nous
frapper et nous ôtons notre chapeau pour saluer
parce que nos aïeux offraient humblement aux gra-
dés du temps des têtes toutes prêtes à être coupées.

A ce moment on entendit un craquement et le
colonel Bramble tomba bruyamment en arrière : un
des pieds de sa chaise venait de se casser. Le docteur
et Parker l'aidèrent à se relever, tandis qu'Aurelle et
le Padre regardaient la scène en se laissant aller aux
convulsions d'un fou rire délicieux.

— Voilà, dit le major, intervenant généreusement
pour excuser Aurelle qui se mordait en vain la langue, voilà un bon exemple de survivances ancestrales : j'imagine que la chute provoque le rire parce
que la mort d'un homme était pour nos ancêtres un
spectacle des plus plaisants. Elle les délivrait d'un
adversaire et diminuait le nombre de ceux qui partageaient la nourriture.

— Nous voilà fixés sur votre compte, messiou, dit
le Padre.

— Un philosophe français, dit Aurelle plus calme,
a construit une théorie du rire toute différente : il se
nomme Bergson et...

— J'ai entendu parler de lui, dit le Padre ; c'est un
clergyman, n'est-ce pas ?

— J'ai, moi aussi, une théorie du rire, dit le docteur,
et elle est beaucoup plus édifiante que la vôtre, major.

Je le crois simplement produit par la brusque suc-
cession d'une impression de stupeur et d'une impression de soulagement. Un jeune singe qui a la plus
profonde affection pour le vieux mâle de la tribu voit
celui-ci glisser sur une pelure de banane; il craint un
accident et sa poitrine se gonfle d'horreur, puis il
découvre que ce n'est rien et tous ses muscles se
détendent agréablement. Telle fut la première plaisanterie. Et cela explique le mouvement convulsif
du rire. Aurelle est secoué physiquement parce qu'il
est secoué moralement entre deux sentiments puis-
sants: son affection inquiète et respectueuse pour le
colonel...

— Houugh, fit le colonel.

—... et la consolante certitude que celui-ci ne s'est
pas fait mal. C'est pourquoi les meilleurs sujets de
plaisanterie sont ceux qui nous inspirent une terreur
sacrée. Quels sont les thèmes favoris des histoires
comiques? L'Enfer, le Paradis, les grands de ce
monde et le mystère redoutable entre tous de la
génération. Nous sentons à la fois que nous abordons
des sujets tabous dont l'évocation seule pourrait déchaîner la colère céleste et que nous commet-
tons ce sacrilège dans une confortable sécurité.
C'est une forme de sadisme intellectuel.

— Je voudrais que vous parliez d'autre chose, dit
le colonel.... Lisez-nous encore un peu de ce livre,
messiou.

Aurelle tourna quelques pages.

" Les autres peuples, lut-il, accusent les Anglais
d'incivilité parce qu'ils s'abordent et se quittent sans
porter la main à leur chapeau et sans ce flot de com-

pliments dont ont coutume de s'accueillir les gens de
France ou d'Italie.

" Mais ceux qui jugent ainsi voient les choses sous
une fausse lumière. Le sentiment des Anglais, c'est
que la politesse ne consiste pas en gestes ou en mots,
souvent hypocrites ou trompeurs, mais dans une
disposition d'esprit égale et courtoise à l'égard de
tous ceux qui surviennent. Ils ont leurs défauts
comme toutes les nations, mais, tout examiné, je suis
persuadé que plus on les connaît, plus on les
estime et on les aime."

— Ce vieux mister Perlin me plaît, dit le colonel;
et vous, messiou, êtes-vous de son avis?

— Toute la France est maintenant de son avis, sir,
dit Aurelle avec chaleur.

— Vous êtes partial, Aurelle, dit le major Parker,
car vous devenez Anglais vous-même: vous sifflez
dans votre bain, vous buvez du whisky et vous com-
mencez à aimer les discussions; si vous en veniez à
manger des tomates et des côtelettes crues pour votre
petit déjeuner, vous seriez tout à fait parfait.

— Si vous le permettez, major, je préfère rester
Français, dit Aurelle; je ne savais d'ailleurs pas que
siffler dans le bain fût un des rites de l'Angleterre.

— C'en est tellement un, dit le docteur, que j'ai
demandé que l'on grave sur ma tombe: "Ici gît un
citoyen britannique qui n'a jamais sifflé dans son
bain et qui n'a jamais prétendu être un détective
amateur."

VI

La conversation britannique est un jeu comme le cricket ou la boxe: les allusions personnelles sont interdites comme les coups au-dessous de la ceinture, et quiconque discute avec passion est aussitôt disqualifié.

Aurelle vit au mess des Lennox des vétérinaires et des généraux, des marchands et des ducs; à tous on donnait d'excellent whisky et une attention légère qui marquait ce qu'on devait à l'hôte sans le fatiguer d'une déférence pesante.

— Il pleut beaucoup dans votre pays, lui dit un major du génie, son voisin d'un soir.

— En Angleterre aussi, dit Aurelle.

— Je voudrais, dit le major, que cette damnée guerre fût finie, pour quitter l'armée et aller vivre en Nouvelle-Zélande.

— Vous y avez des amis?

— Non, mais la pêche au saumon y est excellente.

— Faites venir votre ligne ici pendant que nous sommes au repos, major; l'étang est plein d'énormes brochets.

— Je ne pêche jamais le brochet, dit le major, ce n'est pas un gentleman. Quand il se voit pris, tout est fini; le saumon combat jusqu'au bout, même sans espoir. Avec un fellow de trente livres, il faut parfois lutter deux heures; c'est beau, n'est-ce pas?

— Admirable! dit Aurelle... Et la truite?

— La truite est une lady, dit le major, il faut la

tromper, et ce n'est pas facile, car elle s'y connaît en mouches... Et vous, ajouta-t-il poliment après un silence, qu'est-ce que vous faites en temps de paix?

— J'écris un peu, dit Aurelle, et je prépare mon doctorat.

— Non, je veux dire: quel est votre sport? pêche, chasse, golf, polo?

— A dire vrai, avoua Aurelle, je fais peu de sports; j'ai une très mauvaise santé, et...

— Je suis fâché d'entendre cela, dit le major, mais il se tourna vers son autre voisin et ne s'occupa plus du Français.

Aurelle se rejeta sur le capitaine vétérinaire, Clarke, assis à sa gauche, qui avait jusque-là mangé et bu sans parler.

— Il pleut beaucoup dans votre pays, dit le capitaine Clarke.

— En Angleterre aussi, dit Aurelle.

— Je voudrais, dit Clarke, que cette damnée guerre fût finie pour retourner à Sainte-Lucie.

Aurelle demanda si la famille du capitaine habitait les Antilles: celui-ci parut scandalisé.

— Oh! non, ma famille est une vieille famille de Staffordshire; je me suis fixé là-bas tout à fait par hasard. Je voyageais pour mon plaisir, mon bateau a fait escale à Sainte-Lucie, j'ai trouvé qu'il y faisait une chaleur très agréable et j'y suis resté; j'ai acheté du terrain qui est très bon marché et je cultive du cacao.

— Et vous ne vous ennuyez pas?

— Non: le blanc le plus rapproché est à six milles de chez moi et la côte de l'île est excellente pour faire de la voile. Que ferais-je de plus chez moi ? Quand je vais en Angleterre pour trois mois de vacances, je passe huit jours avec mes vieux, puis je pars seul en yacht... J'ai fait toutes vos côtes de Bretagne : c'est très charmant parce que les courants sont si difficiles et vos cartes marines sont si bonnes, mais il ne fait pas assez chaud... A Sainte-Lucie, je peux fumer des cigarettes en pyjama sur ma terrasse.

Il avala son porto avec lenteur et conclut :

— Non, je n'aime pas l'Europe... Il faut trop travailler... Là-bas il y a à manger pour tout le monde.

Le colonel, à l'autre bout de la table, parlait de l'Inde, des poneys blancs de son régiment, des serviteurs indigènes aux titres compliqués et aux devoirs définis et de la vie indulgente des collines. Parker décrivait la chasse à dos d'éléphant.

— Vous êtes debout sur votre bête, solidement attaché par une jambe, et vous vous portez dans le vide tandis que l'éléphant galope : c'est vraiment très excitant.

— Je le crois sans peine, dit Aurelle.

— Oui, mais si vous l'essayez, dit le colonel à Aurelle avec sollicitude, n'oubliez pas de descendre par la queue aussi vite que vous pourrez si votre éléphant rencontre un terrain marécageux. Son mouvement instinctif, s'il sent le sol se dérober sous lui est de vous saisir avec sa trompe et de vous déposer sur le sol devant lui pour s'agenouiller sur quelque chose de solide.

— J'y penserai, sir, dit Aurelle.

— Aux États malais, dit le major du génie, les

éléphants sauvages circulent librement sur les grandes routes. J'en ai souvent rencontré quand je me promenais en motocyclette. Évidemment, si votre tête ou votre costume leur déplaisent, ils vous cueillent au passage et vous écrasent la tête d'un coup de patte. Mais en dehors de cela, ils sont tout à fait inoffensifs.

Une longue discussion sur la partie du corps la plus vulnérable chez l'éléphant s'engagea ; le Padre prouva sa compétence et expliqua en quoi l'anatomie de l'éléphant d'Afrique différait de celle de l'éléphant des Indes.

— Padre, dit Aurelle, j'ai toujours pensé que vous étiez un sportsman, mais avez-vous réellement chassé la grosse bête ?

— Comment ? *my dear fellow*, réellement chassé ? J'ai tué à peu près tout ce qu'un chasseur peut tuer, depuis l'éléphant et le rhinocéros jusqu'au tigre et au lion. Je ne vous ai jamais raconté l'histoire de mon premier lion ?

— Jamais, Padre, dit le docteur, mais vous allez le faire.

— Padre, dit le colonel, je veux bien écouter vos histoires, mais j'impose une condition : quelqu'un me fera marcher le gramophone. Il me faut ce soir *my darling Mistress Finzi-Magrini*.

— Oh ! non, sir, par pitié, je vous accorde un ragtime, si vous tenez absolument à faire grincer cette damnée machine.

— Pas du tout, docteur, vous ne m'aurez pas à si bon compte. J'exige *Finzi-Magrini*... Allons, Aurelle, soyez le bon garçon, et souvenez-vous : vitesse 65... et n'égratignez pas mon disque... Padre, vous avez la parole pour l'histoire de votre premier lion.

— J'étais à Johannesburg et désirais vivement faire partie d'un club de chasseurs où je comptais beaucoup d'amis. Mais les règlements exigeaient que tout candidat eût tué au moins un lion. Je partis donc avec un nègre chargé de plusieurs fusils et, le soir, me mis à l'affût avec lui, près d'une source dans laquelle un lion avait coutume de venir boire.

Une demi-heure avant minuit, j'entendis un bruit de branches cassées et au-dessus d'un buisson apparaît la tête du lion. Il nous avait sentis et regardait de notre côté. Je le mets en joue et tire : la tête disparaît derrière le buisson, mais au bout d'une minute remonte.

Un second coup : même résultat. La bête, effrayée, cache sa tête, puis la dresse à nouveau. Je restais très calme : j'avais seize coups à tirer dans mes différents fusils. Troisième coup : même jeu. Quatrième coup : même jeu. Je m'énerve, je tire plus mal, de sorte que, après le cinquième coup, l'animal redresse encore la tête.

— Si toi manquer celui-là, me dit le nègre, nous mangés.

Je prends une longue inspiration, je vise soigneusement, je tire. L'animal tombe... Une seconde... deux... dix... il ne reparaît pas. J'attends encore un peu, puis, triomphant, je me précipite suivi de mon nègre, et devinez, messiou, ce que je trouve derrière...

— Le lion, Padre.

— Seize lions, my boy... et chacun d'eux avec une balle dans l'œil : c'est ainsi que je débutai.

— *By Jove*, Padre : qui prétend que les Écossais manquent d'imagination ?

— Écoutez maintenant une histoire vraie: c'est aux Indes que j'ai tué pour la première fois une femme... Oui, oui, une femme... J'étais parti pour chasser le tigre quand en traversant la nuit un village perdu dans la jungle, un vieil indigène m'arrête.

— Sahib, sahib, un ours!

Et il me fait voir dans l'arbre une masse noire qui bougeait. J'épaule vivement, je tire, la masse s'abat dans un bruit de branches cassées, et je trouve une vieille femme que j'avais démolie pendant qu'elle cueillait des fruits.   Un autre vieux moricaud, le mari, m'accable d'injures; on va chercher le policeman indigène.   Je dus indemniser la famille: cela me coûta des sommes folles, au moins deux livres.

L'histoire fut vite connue à vingt milles à la ronde. Et pendant plusieurs semaines, je ne pus plus traverser un village sans que deux ou trois vieux se précipitent:

— Sahib, sahib, un ours dans l'arbre.

Je n'ai pas besoin de vous dire qu'ils venaient d'y faire monter leurs femmes.

Puis Parker raconta une chasse au crocodile, et le captain Clarke donna quelques détails sur les requins des Bermudes, qui ne sont pas dangereux si l'on prend la précaution de sauter dans l'eau en groupes. Cependant le colonel exécutait dans un mouvement très lent la marche de la Brigade Perdue.   Le major néo-zélandais avait placé sur le feu des feuilles d'eucalyptus qui, par les parfums qu'elles exhalaient en brûlant, lui rappelaient l'odeur puissante du Bush. Aurelle, un peu étourdi, grisé par le soleil de l'Inde et les relents des fauves africains, comprenait enfin que le monde est un grand parc dessiné par un dieu jardinier pour les gentlemen des Royaumes-Unis.

VII

Puisque le mauvais temps vous condamne à la chambre,
Puisque vous méprisez désormais les romans,
Puisque pour mon bonheur vous n'avez pas d'amant,
Et puisque ce mois d'août s'obstine impunément
      A jouer les décembres,

Je griffonne pour vous ces vers sans queue ni tête,
Sans rime, ou peu s'en faut, en tout cas sans raison,
Que j'intitulerai dans mes œuvres complètes :
" Discours pour une amie qui garde la maison
      Par un jour de tempête."

Je ne sais là-dessus si nous sentons de même,
Mais quand je suis ainsi rêveur et paresseux,
Quand il pleut dans mon cœur comme il pleut dans...

— Aurelle, dit le docteur, cette fois vous écrivez des vers ; vous ne pouvez le nier : vous êtes pris la main encore sanglante.

— Houugh, fit le colonel Bramble avec indulgence et pitié.

— J'avoue, docteur, et après ? Est-ce contraire aux règlements militaires ?

— Non, dit le docteur, mais cela me surprend : j'ai toujours été convaincu que la France ne pouvait pas être une nation de poètes. La poésie est une folie rythmée. Or vous n'êtes pas fou et vous n'avez pas le sens du rythme.

— Vous ne connaissez pas nos poètes, dit Aurelle vexé ; avez-vous lu Musset, Hugo, Baudelaire ?

— Je connais *Hiougo*, dit le colonel ; quand je

commandais les troupes à Guernesey, on m'a fait voir sa maison. J'ai aussi essayé de lire son livre *The Toilers of the sea*, mais c'est trop ennuyeux.

L'arrivée du major Parker, poussant devant lui deux capitaines à visages de gosses, mit fin à cette conférence.

— Je vous amène, dit-il, les jeunes Gibbons et Warburton, pour que vous leur donniez une tasse de thé avant de les renvoyer à leurs compagnies : je les ai trouvés assis sur un talus de la route de Zillebeke, où ils attendaient sans doute un taxi. Ces gens de Londres ne doutent de rien.

Gibbons revenait de permission ; quant à Warburton, un Gallois noir au visage français, blessé deux mois avant en Artois, il rejoignait les Lennox après un congé de convalescence.

—Aurelle, donnez-moi une tasse de thé, vous serez le bon garçon, dit le major Parker. Oh ! le lait d'abord, je vous prie ! Et demandez donc un whisky and soda pour réveiller le capitaine Gibbons, voulez-vous ? On voit trop qu'il sort de son wigwam et qu'il n'a pas encore déterré la hache de guerre.

— C'est un si horrible changement ! dit Gibbons. Hier matin j'étais encore dans mon jardin, au milieu d'une vraie vallée anglaise coupée de haies et d'arbres. Tout était propre, frais, soigné, heureux. Mes jolies belles-sœurs jouaient au tennis. Nous étions tous vêtus de blanc. Et me voici brusquement transporté dans votre affreux bois déchiqueté et au milieu de votre bande d'assassins.

Ah ! Quand croyez-vous que cette damnée guerre sera finie ? Je suis un homme si paisible ! Je préfère le son des cloches à celui du canon et le piano à la mitrailleuse. Ma seule ambition est d'habiter la campagne avec ma grasse petite femme et beaucoup de petits enfants gras.

Et levant son verre:

— Je bois à la fin de ces folies, conclut-il, et à l'enfer pour les Boches qui nous ont amenés ici.

Mais l'ardent Warburton entonna aussitôt l'antiphrase:

— Moi, j'aime la guerre, dit-il; la guerre seule nous fait une vie normale. Que faites-vous en temps de paix? Vous restez à la maison; vous ne savez que faire de votre temps: vous vous disputez avec vos parents et avec votre femme si vous en avez une. Tous pensent que vous êtes un insupportable égoïste et vous l'êtes.

Arrive la guerre: vous ne rentrez plus chez vous que tous les cinq ou six mois. Vous êtes un héros, et, ce que les femmes apprécient bien davantage, vous êtes un changement. Vous savez des histoires inédites, vous avez vu des hommes étranges et des choses terribles. Votre père, au lieu de dire à ses amis que vous empoisonnez la fin de sa vie, vous présente à eux comme un oracle. Ces vieillards vous consultent sur la politique étrangère. Si vous êtes marié, votre femme est plus jolie qu'autrefois; si vous ne l'êtes pas, toutes les *girls* vous assiègent.

Vous aimez la campagne? Mais vous vivez ici dans les bois! Vous aimez votre femme? Mais qui donc a dit qu'il est plus facile de mourir pour la femme qu'on aime que de vivre avec elle? Et je préfère, moi, la mitrailleuse au piano et le bavardage

de mes hommes à celui des vieilles dames qui viennent prendre le thé chez mes parents. Non, Gibbons, la guerre est une époque merveilleuse.

Et levant son verre:

— Je bois au gentil Hun qui nous procure ces
plaisirs!

Puis il raconta son séjour à l'hôpital de la duchesse.

— Je me croyais chez la reine des fées; nos désirs
étaient exaucés avant d'être exprimés. Quand nos
fiancées venaient nous voir, on nous adossait à des
coussins assortis à la couleur de nos yeux. Quinze
jours avant que je puisse me lever on m'apporta
douze robes de chambre de couleurs vives, pour
choisir celle que je désirais mettre pour ma première
sortie. Je choisis une rouge et verte qu'on suspendit
près de mon lit et la hâte où j'étais de l'essayer
avança de trois jours ma guérison. Il y avait un
capitaine écossais dont la femme était si belle que
tous les malades avaient la fièvre dès qu'elle entrait.
On finit par faire percer une porte spéciale pour elle
près du lit de son mari pour éviter de lui laisser
traverser la salle... Oh! que je voudrais être blessé
bientôt! Docteur, vous promettez de m'évacuer sur
l'hôpital de la duchesse?

Mais Gibbons, les yeux pleins d'images de la vie
tiède du home ne se laissait pas consoler. Le Padre,
qui était un sage plein de bonté, lui fit raconter la
dernière revue du Palace. Le colonel sortit ses meilleurs disques de leur boîte et fit entendre à ses hôtes
Mrs Finzi-Magrini et *Destiny Waltz*. Gibbons, pendant la valse, enfouit son visage dans ses mains. Le
colonel voulut le plaisanter gentiment sur ses pensées

mélancoliques. Mais le petit capitaine s'excusa dès la dernière note:

— Il vaut mieux que je parte avant la nuit, dit-il.

Et il fila à la française.

— *Silly ass*[1]! dit Parker après un silence.

Le colonel et le Padre approuvèrent avec indulgence; Aurelle seul protesta.

— Aurelle, mon ami, dit le docteur Watts, si vous voulez vivre estimé au milieu d'Anglais bien élevés, vous devez vous efforcer de comprendre le point de vue. Ils n'ont pas de tendresse pour les tristes et méprisent les sentimentaux. Ceci s'applique à l'amour comme au patriotisme ou à la religion. Si vous voulez que le colonel vous méprise, arborez un drapeau à votre tunique. Si vous voulez que le Padre vous honnisse, faites-lui censurer des lettres pleines de mômeries dévotes. Si vous voulez que Parker vous vomisse, pleurez en contemplant une photographie.

On a passé leur jeunesse à leur durcir la peau et le cœur. Ils ne craignent ni un coup de poing, ni un coup du sort. Ils considèrent l'exagération comme le pire des vices et la froideur comme un signe d'aristocratie. Quand ils sont très malheureux, ils mettent un masque d'humour. Quand ils sont très heureux, ils ne disent rien du tout. Et au fond John Bull est terriblement sentimental, ce qui explique tout le reste.

— Tout cela est vrai, Aurelle, dit Parker, mais il ne faut pas le dire. Le docteur est un sacré Irlandais et il ne peut pas tenir sa langue.

Sur quoi, le docteur et le major Parker se mirent à

[1] Imbécile!

discuter la question irlandaise sur le ton plaisamment acide qui leur était habituel. Le colonel chercha dans sa boîte de disques *When Irish eyes are smiling*, puis intervint avec bon sens et courtoisie.

— Et c'est ainsi, Aurelle, conclut le major Parker, que vous nous voyez, nous pauvres Anglais, chercher de bonne foi la solution d'un problème qui n'en comporte pas. Vous croyez peut-être que les Irlandais désirent certaines réformes définies et qu'ils seraient heureux et tranquilles le jour où ils les auraient obtenues ? Pas du tout. Ce qui les divertit, c'est la discussion elle-même, la conspiration théorique. Ils jouent avec l'idée d'une république indépendante : si nous la leur donnions, le jeu serait fini et ils en inventeraient un autre, probablement plus dangereux.

— Allez en Irlande après la guerre, messiou, dit le colonel, c'est un pays extraordinaire. Tout le monde est fou.   Vous pouvez commettre les pires crimes… cela ne fait rien… Rien n'a d'importance.

— Les pires crimes ? dit Aurelle, mais encore, sir…

— Oh ! tout ce que vous voudrez… les choses les plus inouïes. Vous pouvez chasser à courre en culotte marron… pêcher un saumon dans la rivière de votre voisin…   Il n'arrivera rien, on ne fera même pas attention à vous.

— Je crois, dit Aurelle, que je commence à comprendre la question d'Irlande.

— Je vais achever votre initiation, dit le docteur.

Un an avant cette guerre, un parlementaire libéral, qui visitait l'Irlande, dit devant moi à un vieux paysan : " Eh bien ! mon ami, nous allons bientôt vous donner le Home Rule. — Que le Seigneur ait pitié de nous, Votre Honneur, dit l'homme: ne faites pas cela. — Comment? dit le député, stupéfait: vous ne désirez plus le Home Rule maintenant? — Votre Honneur, dit l'homme, vous allez comprendre... Vous êtes bon chrétien, Votre Honneur?... Vous voulez aller au ciel... moi aussi... Mais nous ne voulons pas y aller ce soir...

Le chœur.—Quoi? Jupiter est moins fort que ces déesses?
Prométhée.—Oui; lui-même n'échappe pas au Destin.

VIII

Quand le jeune lieutenant Warburton, commandant par intérim la compagnie B des Lennox Highlanders, prit possession de sa tranchée, le capitaine
qu'il venait relever lui dit: " Cet endroit n'est pas
trop malsain; ils ne sont qu'à trente yards, mais ce
sont des Boches apprivoisés. Si vous les laissez
tranquilles, ils ne demandent qu'à ne pas bouger.

— Nous allons réveiller un peu la ménagerie, dit
Warburton à ses hommes, quand ce guerrier paci-
fique eut disparu.

Lorsque les fauves trop bien nourris se transfor-
ment en animaux domestiques, quelques fusées bien
appliquées en refont des brutes: c'est en vertu de ce
principe que Warburton s'étant armé d'une fusée
éclairante, au lieu de la lancer verticalement, la lança
en flèche vers les tranchées allemandes.

Un guetteur saxon, affolé, cria: " Attaque par
liquides enflammés!" Les mitrailleuses boches se
mirent à bégayer. Warburton, enchanté, riposta à
coups de grenades. L'ennemi appela l'artillerie à
la rescousse. Un coup de téléphone, une averse de
schrapnells et représailles immédiates de l'artillerie
britannique.

Le lendemain, le communiqué de l'état-major
allemand disait: " Une attaque, effectuée sous le
couvert de liquides enflammés par les troupes britan-

niques, à H..., a été complètement enrayée par nos
feux combinés d'artillerie et d'infanterie."

0275, Private Scott, H. J., qui servait son roi et sa
patrie sous les ordres de l'ardent Warburton, désap-
prouvait dans son cœur les fantaisies héroïques de son
chef. Non qu'il fût peureux, mais la guerre l'avait
surpris au moment où il venait d'épouser une charmante fille et, comme l'enseigne le capitaine Gads-
by, des Hussards roses, un homme marié n'est plus
qu'une moitié d'homme. Scott comptait les jours
quand il était dans la tranchée: or celui-ci était le
premier de dix et le lieutenant était marteau.

Le Dieu Protecteur des amants survint le lendemain sous la forme d'un simple papier qui demandait
un homme du régiment, mécanicien de métier, pour
aller surveiller à P... une machine à désinfecter le
linge. P... était une jolie petite ville, à huit milles au
moins de la ligne, un peu désertée par ses habitants,
à cause des marmites, mais encore asile aimable et
sûr pour un troglodyte des tranchées.

0275, Private Scott, mécanicien de son métier, se
fit inscrire. Son lieutenant le blâma, son colonel le
désigna et son général le nomma. Un vieil omnibus
de Londres, peint en vert militaire, l'emporta vers
cette vie nouvelle, loin de Warburton et de ses dangers.

La machine que devait surveiller Scott était dans
la cour du séminaire, vieux bâtiment aux murs couverts de lierre; l'abbé Hoboken, directeur, reçut
Scott, qui lui était annoncé, comme on reçoit un
général.

— Êtes-vous catholique, mon enfant? lui demanda-t-il en anglais de collège.

Par bonheur pour Scott il ne comprit pas et, à tout hasard, répondit: " Yes, sir." Cet involontaire reniement de l'Église presbytérienne d'Écosse lui valut la chambre d'un professeur belge mobilisé et un lit avec des draps.

Or, à cette même minute, le hauptmann Reineker, qui commandait une batterie d'artillerie lourde allemande à Paschendaele, était de fort méchante humeur.

Le courrier du soir lui avait apporté une lettre ambiguë de sa femme où elle parlait beaucoup trop, et avec une affectation d'indifférence, d'un officier de la Garde blessé qu'elle soignait depuis quelques jours.

Il arpentait dans la nuit le terre-plein sur lequel les pièces étaient en batterie à la lisière d'une forêt, puis tout d'un coup:

— Wolfgang, dit-il, avez-vous encore des coups de représailles disponibles?

— Oui, monsieur le capitaine.

— Combien?

— Trois.

— Bien! réveillez les servants de Thérésa.

Prenant sa carte, il se mit à vérifier des calculs.

Les hommes, à demi réveillés, chargèrent l'énorme pièce. Reineker donna ses chiffres, et, secouant les hommes et les choses, l'obus partit, sifflant lentement dans la nuit.

Donc, 0275, Private Scott, qui adorait sa femme et qui avait accepté à cause d'elle un poste sans honneur, se couchait tranquillement dans la chambre d'un professeur belge mobilisé; le capitaine Reineker que sa femme n'aimait plus et qui s'en doutait, se promenait rageusement dans les bois glacés, et ces deux séries, profondément étrangères l'une à l'autre, se développaient en toute indépendance dans un univers indifférent.

Or les calculs de Reineker, comme tous les calculs, étaient faux: l'erreur atteignait 400 yards. Le point repéré par lui était la place de l'église: de l'église au séminaire il y a 400 yards. Un léger vent augmenta l'écart de 20 yards et dès lors la série Reineker et la série Scott se trouvèrent avoir un point commun. En ce point la poitrine de 0275, Private Scott, absorba la force vive d'un obus de 305 et la transforma en lumière et en chaleur, ce qui, entre autres conséquences, mit fin à la série Scott.

The ideal of the English Church has been to provide a re-
sident gentleman for every parish in the Kingdom, and there
have been worse ideals.

SHANE LESLIE.

IX

Aurelle, arrivant au mess pour le thé, n'y trouva
que le révérend Griggs, qui réparait une lanterne à
projections.

— Hullo, messiou, dit celui-ci, bien content de
vous voir. Je prépare ma lanterne pour faire un
sermon sportif aux hommes de B Company quand
ils sortiront des tranchées.

— Comment, Padre, vous faites maintenant des
sermons avec projections?

— My boy, j'essaye de faire venir les hommes: il
y en a trop qui s'abstiennent. Je sais bien que le
régiment compte beaucoup de Presbytériens, mais si
vous voyiez les régiments irlandais, messiou, pas un
homme ne manque la messe... Ah! messiou, les
padres catholiques ont plus de prestige que nous:
je me demande pourquoi. Je vais pourtant aux
tranchées tous les jours, et si les hommes peuvent
penser que je suis un vieux fou, ils doivent reconnaître que je suis un sportsman.

— Le régiment vous aime beaucoup, Padre...
Mais, si vous me permettez d'être franc, je crois
qu'en effet les padres catholiques ont un prestige
particulier. La confession y est pour quelque chose
et surtout le vœu de chasteté les soustrait dans une
certaine mesure à l'humanité. Le docteur lui-même

voile pudiquement ses histoires favorites quand le Père Murphy dîne avec nous.

— Mais, my boy, j'aime les histoires d'O'Grady, moi: je suis un vieux soldat, j'ai vu le monde et je connais la vie. Au temps où je chassais en Afrique, une reine nègre me fit cadeau de trois négresses vierges...

— Padre!

— Oh! je les remis en liberté le jour même: cela les vexa d'ailleurs beaucoup. Mais je ne vois pas pourquoi, après cela, je viendrais jouer les Mistress Grundy dans ce mess.

Un des ordonnances apporta de l'eau bouillante et le Padre pria Aurelle de faire le thé.

— Quand je me suis marié... Pas comme cela, messiou: c'est curieux, aucun Français ne sait faire le thé. Chauffez la théière d'abord, my boy, vous ne pouvez pas obtenir un thé convenable dans une théière froide.

— Vous parliez de votre mariage, Padre...

— Oui, je voulais vous raconter comment tous ces Pharisiens qui voudraient que je fusse prude au milieu des jeunes gens se sont indignés quand j'ai voulu l'être raisonnablement.

Quand je me suis marié, j'ai dû, naturellement, demander à un de mes collègues de se charger de la cérémonie. Après avoir réglé les points importants: " Il y a, lui dis-je, dans l'office du mariage, tel que le célèbre l'Église d'Angleterre, un passage que je trouve tout à fait indécent... Oui, oui, je sais bien qu'il est de saint Paul: well, il est probable que de son temps il avait parfaitement raison de dire ces choses et qu'elles étaient adaptées aux mœurs des Corinthiens.   Mais il est non moins certain qu'elles ne sont pas faites pour les oreilles d'une jeune fille d'Aberdeen en mil neuf cent six.   Ma fiancée est pure et gare à qui la scandalisera!''

Le jeune homme, un petit vicaire mondain, alla se plaindre au *bishop*[1], qui me fit venir et me dit avec hauteur:

— C'est vous qui prétendez interdire la lecture de l'épître aux Corinthiens?   Sachez que je ne suis pas homme à supporter ces '' sottises.''

— All right, lui dis-je, sachez que je ne suis pas homme à supporter que l'on offense ma femme.   Si ce *fellow* se permet de lire le passage, je ne dirai rien dans l'église, par respect pour le lieu sacré; mais je vous promets qu'aussitôt après la cérémonie je lui boxerai les oreilles.

Well, messiou, le *bishop* me regarda avec beaucoup d'attention pour voir si j'étais sérieux.   Puis il se souvint de ma campagne du Transvaal, de la reine nègre et des dangers du scandale, et il me répondit avec onction:

—Je ne vois pas, après tout, que le passage qui vous choque soit absolument essentiel à la cérémonie du mariage.

Le docteur O'Grady entra et demanda une tasse de thé.

— Qui a fait ce thé? demanda-t-il.   C'est vous, Aurelle? Combien avez-vous mis de thé?

— Une cuiller par tasse.

— Écoutez un axiome: une cuiller par tasse, plus

[1] Évêque.

une pour le pot.   C'est un fait curieux que pas un
Français ne sache faire le thé.

Aurelle parla d'autre chose.

— Le Padre me racontait son mariage.

— Un Padre ne devrait pas être marié, dit le docteur. Vous savez ce qu'a dit saint Paul: "Un homme
marié cherche à plaire à sa femme et non à Dieu."

— Vous tombez mal, dit Aurelle; ne lui parlez
pas de saint Paul, il vient de le *strafer*[1] vigoureuse-
ment.

— Excusez-moi, dit le Padre, je n'ai strafé qu'un
bishop.

— Padre, dit le docteur, vous ne jugerez point.

— Oh! je sais, dit le Padre; le Maître a dit cela,
mais il ne connaissait pas les *bishops*.

Puis il revint au sujet qui le préoccupait:

— Dites-moi, O'Grady, vous qui êtes Irlandais,
pourquoi les chapelains catholiques ont-ils plus de
prestige que nous?

— Padre, dit le docteur, écoutez une parabole:
c'est bien votre tour.

Un gentleman avait tué un homme: la justice
ne le soupçonnait pas, mais les remords le faisaient
errer tristement.

Un jour, comme il passait devant une église
anglicane, il lui sembla que le secret serait moins
lourd s'il pouvait le partager; il entra donc et demanda au vicaire d'écouter sa confession.

Ce vicaire était un jeune homme fort bien élevé,
ancien élève d'Éton et d'Oxford; enchanté de cette
rare aubaine, il s'empressa.

[1] *Strafer*, punir, attaquer.

— Mais certainement: ouvrez-moi votre cœur, vous pouvez tout me dire comme à un père.

L'autre commença:

— J'ai tué un homme.

Le vicaire bondit.

— Et c'est à moi que vous venez dire cela! Misérable assassin! Je ne sais pas si mon devoir de citoyen ne serait pas de vous conduire au poste de police le plus proche... En tout cas, c'est mon devoir de gentleman de ne pas vous garder une minute de plus sous mon toit!

Et l'homme s'en alla. Quelques kilomètres plus loin, il vit, près de la route qu'il suivait, une église catholique. Un dernier espoir le fit entrer, et il s'agenouilla derrière quelques vieilles femmes qui attendaient près d'un confessionnal. Quand vint son tour, il devina dans l'ombre le prêtre qui priait, la tête dans ses mains.

— Mon père, dit-il, je ne suis pas catholique, mais je voudrais me confesser à vous.

— Mon fils, je vous écoute.

— Mon père, j'ai assassiné.

Il attendit l'effet de l'épouvantable révélation. Dans le silence auguste de l'église, la voix du prêtre dit simplement:

— Combien de fois, mon fils?

— Docteur, dit le Padre, vous savez que je suis Écossais. Je ne comprends les histoires que huit jours après qu'on me les a dites.

—Celle-là vous demandera plus longtemps, Padre, dit le docteur.

A quoi tient la destinée? Si le silicium avait été un gaz,
je serais Major Général.

WHISTLER.

X

Tarkington, S. W., vieil officier de cinquante-trois
ans, lieutenant honoraire et quartier-maître, formait
le désir puéril mais ardent de gagner un ruban de plus
avant de prendre sa retraite. Le seul jeu des lois
naturelles et dix-huit années de bonne conduite lui
avaient donné la médaille du Transvaal et le ruban
violet des vieux serviteurs. Mais avec un peu de
chance, un lieutenant, même honoraire, peut récolter
une Military Cross si le canon sème à la bonne place.

C'est pourquoi l'on rencontrait toujours Tarkington dans des coins dangereux où il n'avait rien à
faire; c'est pourquoi, le jour de la prise de Loos, il
promena ses vieux rhumatismes sur le champ de bataille détrempé et ramena sur son dos dix-huit blessés. Mais il ne rencontra pas de général et personne
n'en sut rien, que les blessés, qui n'ont aucune influ-
ence.

Là-dessus, le régiment fut envoyé au nord et
campa dans le saillant d'Ypres. Il existait sans doute
d'excellentes raisons sentimentales et militaires pour
défendre ce terrain; mais comme résidence d'hiver,
c'était un séjour lamentable. Tarkington ne crai-
gnait pas le danger: les obus font partie du travail de
jour. Mais ses rhumatismes craignaient l'eau, et la
pluie, tombant sans arrêt sur une argile grasse, forme
une pâte humide et glacée qu'aucun docteur ne re-

commande pour le graissage des vieilles articulations.

Tarkington, pour qui ses pieds douloureux, gonflés, faisaient maintenant de la moindre marche un supplice chinois, dut reconnaître qu'il lui fallait demander son évacuation.

— C'est bien ma chance, dit-il au sergent-major, son confident : j'ai la douleur sans la blessure.

Donc il alla, boitant, jurant, trouver le colonel en son abri et commenta l'état de ses jambes.

Le colonel était ce matin-là de mauvaise humeur. Une note de l'état-major de la division lui faisait observer que la proportion de pieds gelés dans son régiment atteignait 3,5 pour cent, alors que la moyenne du corps était seulement 2,7. Et voudrait-il prendre les mesures nécessaires pour réduire ce pourcentage à l'avenir ?

Les mesures nécessaires avaient été prises : il avait fait venir le docteur et lui avait tendu la note.

— Et maintenant, écoutez-moi, O'Grady. Vous pouvez reconnaître des bronchites, des maux de gorge et des gastro-entérites, mais je ne veux plus de pieds gelés pendant trois jours.

On peut imaginer comment fut reçu Tarkington qui venait exhiber ses pieds paralysés.

— Cela alors, c'est la limite ; moi, évacuer un officier pour pieds gelés ! Lisez, Tarkington, lisez ! Et vous croyez que je vais transformer 3,5 en 3,6 pour vous faire plaisir ? Reportez-vous, mon ami, aux General Routine orders n° 324 : *le pied de tranchée provient d'une contraction des artérioles superficielles de laquelle il résulte que la peau n'étant plus nourrie meurt et se gangrène.* Donc, vous n'avez qu'à surveiller vos artérioles. Tarkington, je suis désolé, vieil homme, mais c'est la seule chose que je ne puisse faire pour vous.

— C'est bien ma chance, dit le vieil homme au sergent-major, son confident, j'ai trente-sept ans de services ; je ne me suis jamais porté malade et quand, pour la première fois de ma vie, je demande à être évacué, j'arrive ce véritable même jour où l'état-major " strafe " le colonel à propos de bottes.

Ses pieds devinrent rouges, puis bleus, et commençaient à tourner au noir quand le colonel partit en permission. Le commandement en son absence fut exercé par le major Parker, qui, étant le second fils d'un lord, se souciait peu des commentaires de la brigade. Il vit la détresse du malheureux Tarkington et l'envoya à l'ambulance où l'on décida de l'évacuer en Angleterre, l'espèce Tarkington paraissant impropre à être acclimatée dans les marécages des Flandres.

Il fut transporté à B... et embarqué sur un navire hôpital, le *Saxonia*, avec des blessés, des docteurs et des nurses. Les autorités du port avaient constaté la veille sans plaisir que des mines flottantes à renversement circulaient dans le chenal.

Les autorités discutaient sur l'origine de ces mines, que le N. T. O. disait amies, alors que le M. L. O. les croyait ennemies. Mais un point de détail n'était pas controversé : tout navire qui avait rencontré l'une d'elles s'était ouvert en deux morceaux qui n'avaient pas flotté longtemps. Le capitaine de la *Saxonia* fut assuré que le chenal nord était libre de mines : il le prit et sauta.

Tarkington alla donc à la mer. Comme il était bon soldat, l'instinct lui fit consacrer ses dernières minutes à se mettre en tenue. Et il se noya très correctement, avec, au cou, le masque contre les gaz asphyxiants qu'on lui avait recommandé de ne jamais quitter. Un bateau de sauvetage le repêcha inanimé et il fut transporté dans un hôpital de la côte anglaise.

Il y reprit connaissance, mais se trouvait fort mal de son séjour dans l'eau.

— Vraiment, disait-il, c'est bien ma chance. On refuse pendant un mois de me laisser embarquer, et quand on finit par y consentir c'est sur le seul bateau hôpital qui ait coulé depuis un an.

— Ils sont tous les mêmes, dit le colonel à son retour de permission. Voilà un gaillard qui se plaint d'avoir les pieds dans l'eau et qui profite de mon absence pour aller prendre un bain de mer.

Or quelques mois auparavant, le roi George, blessé en France, avait traversé le Pas de Calais à bord du *Saxonia*.

Tout naturellement le sort du bateau intéressa Sa Majesté qui vint visiter les survivants. Et comme Tarkington était le seul officier, il eut l'inoubliable privilège d'une assez longue conversation avec son roi. D'où il résulta que, peu de jours après, un régiment, " quelque part en France," reçut une note de l'état-major général demandant les états de services de Tarkington, S. W.

La note étant accompagnée de certain commentaire verbal au sujet " d'une personne très distin-guée," par un officier à casquette cerclée de rouge et à visière dorée, le colonel écrivit sur Tarkington, S. W. des choses aimables qu'il ne lui avait jamais dites et le sergent-major donna des détails sur la brillante conduite du quartier-maître à Loos.

La *London Gazette*, quinze jours plus tard, résuma ces témoignages en un supplément à la liste des récompenses et honneurs, et Tarkington, capitaine honoraire, Military Cross, ayant médité sur sa destinée, trouva que ce monde était bon.

XI

La première entrevue de la brigade et du village ne fut pas heureuse. Le village regardait avec méfiance la brigade aux genoux nus dont le langage roulait comme un tambour. La brigade trouvait le village pauvre en estaminets et en belles filles. Les gens de Hondezeele pleuraient une division de territoriaux de Londres au parler doux et à la poche bien garnie. Partout où Aurelle entrait, on évoquait ces enfants adoptifs.

— Vos Écossais, on les connaît... on comprend pas ce qu'ils disent... et pourtant mes petites filles savent l'anglais.

— Scotch... Promenade... no bonne, disaient les petites filles.

— Ici, monsieur, j'avais le chauffeur du général, reprenait la vieille, un gentil petit garçon, monsieur ... Billy qu'on l'appelait... i m'nettoyait mes assiettes... et joli avec ça... et de bonnes manières... Un mess d'officiers? Ah! bien sûr que non; j'ai plus de profit à vendre des frites et de la bière aux boys... et même des œufs, quoique je les paie déjà six sous pièces.

— Fried potatoes... two pennies a plate... eggs and bacon one franc..., disaient les petites filles.

Et Aurelle passait à la maison voisine, où d'autres vieilles pleuraient d'autres Billies, des Harries et des Gingers et des Darkies.

Une demoiselle obèse expliqua que le bruit lui

donnait des palpitations; une autre (elle avait bien soixante-quinze ans), que ce n'était pas convenable pour une jeune fille seule. Il finit vers le soir par trouver une grosse dame dont il couvrit les protestations avec une éloquence si continue qu'elle ne put placer un mot. Le lendemain matin, il lui envoya les ordonnances avec la vaisselle et, à l'heure du lunch, amena Parker et O'Grady. Les " servants " l'attendaient sur le seuil.

— *Madame, sir, she is a regular witch; she is a proper fury, that's what she is!*

" Madame " l'accueillit par des plaintes confuses:

— Ah! bien, merci! Ah! bien, merci! C'est moi qui regrette d'avoir accepté ça. J'en ai pas dormi de la nuit des reproches que j'ai eus de mon mari. Il m'aurait battue, monsieur... Oh! touchez pas à ça! Je vous défends d'entrer dans ma belle cuisine: ssuyez-vous les pieds et puis enlevez-moi vos caisses de là.

— Mettez les caisses dans la salle à manger, ordonna Aurelle, conciliant.

— Ah! bien merci! mettre vos sales caisses dans ma salle à manger, avec ma belle table et mon beau dressoir. Ah bien! par exemple!

— Mais, nom de Dieu, madame, dit Aurelle avec douceur, où voulez-vous que je les mette?

Il entr'ouvrit une porte au fond de la salle à manger.

— Voulez-vous bien laisser cette porte tranquille! Mon beau salon! où je ne vais jamais moi-même pour ne pas le salir! Et puis, d'ailleurs, je n'en veux plus de votre mess, ça me donne trop d'ennuis.

Un peu plus tard, Aurelle entra chez Mme Lemaire, mercière, pour acheter du chocolat. Cette mercière avait relégué dans un coin de la boutique son commerce d'avant-guerre et, comme tout le village, vendait maintenant des Quaker Oats, des cigarettes Woodbines et des cartes postales brodées " *From your soldier boy.* "

Tandis qu'elle le servait, Aurelle entrevit derrière la boutique une pièce charmante et claire, décorée d'assiettes au mur et sur la table une nappe fraîche à carreaux verts et blancs. Il se rapprocha négligemment de la porte. Mme Lemaire le regarda avec méfiance.

— Croiriez-vous, madame, lui dit Aurelle, qu'il y a dans ce village des gens assez peu patriotes pour refuser d'héberger des officiers qui ne savent où prendre leurs repas ?

— Est-ce possible ? dit Mme Lemaire rougissante.

Il les nomma.

— Ah ! la femme du menuisier ? dit Mme Lemaire avec dégoût, ça ne m'étonne pas. C'est des gens de Moevekerke, et les gens de Moevekerke, c'est tout mauvais.

— Mais il me semble, insinua doucement Aurelle, que vous avez ici une chambre qui ferait rudement bien l'affaire...

Huit jours plus tard, le village et la brigade goûtaient les joies pures de la lune de miel. Dans chaque maison, un Jack, un Ginger ou un Darky aidait à laver les assiettes, appelait la grand'mère Granny et plaisantait gaiement avec les jeunes filles.

Les territoriaux de Londres étaient bien oubliés. Le soir, dans les granges, les binious enrubannés accompagnaient des danses monotones.

Aurelle avait logé le Padre chez Mme Putiphar, jeune veuve au tempérament excessif, dont les divisions successivement cantonnées dans le village se repassaient le surnom comme une consigne locale.

Parker et O'Grady partageaient une grande chambre à l'estaminet des voyageurs. Ils appelaient le cabaretier et sa femme papa et maman ; Lucie et Berthe, les filles de la maison, leur enseignaient le français. Lucie avait six pieds de haut, elle était jolie, mince et blonde. Berthe était solide et singulièrement plaisante. Ces deux belles Flamandes, honnêtes sans pruderie, âpres au gain, dépourvues de culture mais non de finesse, faisaient l'admiration du major Parker.

Bien que leur père fût en train de gagner une fortune en vendant aux tommies de la bière anglaise fabriquée en France, elles ne pensaient même point à lui demander de l'argent pour leur toilette ou à faire travailler une servante à leur place.

" On peut faire la guerre quand on laisse ces femmes derrière soi," disait le major, admiratif.

Le père était du même bois : il contait à Aurelle la mort de son fils, un splendide garçon, trois fois cité à l'ordre de l'armée. Il en parlait avec un orgueil et une résignation vraiment admirables.

Aurelle conseilla au cabaretier, s'il avait quelques centaines de francs d'économies, d'acheter des obligations de la Défense nationale.

—J'en ai déjà pour 50,000 francs, dit le vieux ;

pour le reste, j'attends encore un peu.

Tout le village était riche.   Le colonel Bramble, un jour, donna deux sous au fils de Mme Lemaire, un gosse de quatre ou cinq ans.

— Pour t'acheter des bonbons, commenta Aurelle.

— Oh! non, je les aime point.

— Alors, que vas-tu faire de tes deux sous?

— Les mettre dans ma tirelire jusqu'à ce qu'il y en ait assez pour prendre un livret de caisse d'épargne; puis, quand je serai grand, j'achèterai de la terre.

Le même soir, Aurelle cita cette réponse à Lucie et à Berthe, pensant les divertir.   Il sentit vite qu'il n'amusait personne: ces plaisanteries sur l'argent étaient sacrilèges.   Le cabaretier, pour remettre les choses au point, raconta une petite histoire morale.

— Quand j'étais jeune, dit-il, je faisais souvent des courses à la ville pour M. le curé, et chaque fois il me donnait deux sous que je rapportais à mon père. Mais au bout de quelque temps, M. le curé prit l'habitude de me faire transmettre ses commissions par la vieille Sophie, sa servante, et elle ne me donna plus mes deux sous.   Mon père, qui me les réclama, fut indigné: il consulta mon grand-père, et tout un conseil de famille s'occupa un soir de mon affaire.

— Le petit ne peut pas, dit mon père, aller se plaindre à M. le curé, parce que des fois que ce serait lui qui aurait supprimé les deux sous, il serait offensé.

— Et si c'est la vieille Sophie qui les a carottés, dit ma mère, elle giflera le petit.

Mon grand-père, qui n'était pas une bête, trouva

le joint.

— Tu vas, me dit-il, aller te confesser à M. le curé : tu lui diras que tu t'accuses d'avoir péché par colère contre la vieille Sophie parce qu'elle t'a envoyé à la ville sans rien te donner.

Cela réussit parfaitement.

— Comment ? dit le curé. Vieille coquine ! elle me les a comptés chaque fois. Délie-moi du secret de la confession et je vais lui parler, moi, à Sophie.

Je savais qu'elle avait la main dure et je ne le déliai point ; mais dans la suite il m'envoya toujours lui-même.

L'institutrice, une Lilloise, qui possédait le seul piano du village, expliqua à Aurelle qu'elle avait dû supprimer des cours de morale tout le chapitre de l'économie et de la prévoyance. Elle le remplaçait par une leçon sur la générosité.

— Moi, je ne pourrai jamais, mademoiselle, lui disait alors une des petites de huit ans, ma mère était chien et je sens que je serai encore plus chien qu'elle.

Cependant les highlanders transformaient les shillings du roi en verres de bière et comblaient ces fillettes économes de tabliers brodés, de sucreries et de cartes brodées, à dix-huit sous, "From your soldier boy." Les mères mafflues et actives des belles Flamandes vendaient les tabliers et les cartes postales.

— Ah ! messiou, disait le colonel Bramble, avant la guerre on disait chez nous : la frivole France ; on dira maintenant : la sévère et sage France.

— Oui, appuya le docteur, ce peuple de France est dur et sévère pour lui-même. Je commence à comprendre ce Boche qui disait: "L'homme n'aspire pas au bonheur; l'Anglais seul y aspire." Il y a chez vos paysans du Nord une volonté d'ascétisme admirable.

— Avez-vous jamais vu chez nous avant la guerre, messiou, dit le Padre, le Français de music-hall, le petit homme à barbiche noire qui gesticule et pérore?... J'y croyais, messiou, et je n'imaginais guère, je vous assure, ces villageois dévots et laborieux.

— J'aime à les voir le dimanche matin, dit le major, quand sonnent les premiers coups de la messe et qu'ils sortent tous ensemble de leurs maisons, les vieux, les enfants et les femmes, comme au théâtre. Ah! messiou, pourquoi ne nous disiez-vous pas tout cela avant la guerre?

— C'est que, dit Aurelle, nous ne le savions pas.

XII

Le bouclier d'Orion monta plus haut dans le ciel d'hiver; le froid durcit les routes; les grandes marées de puddings et de cartes fleuries gonflèrent chaque jour davantage les camions des postiers et Noël vint rappeler la douceur de vivre à la division et au village.

Les préparatifs du dîner de Christmas occupèrent longtemps Aurelle et le Padre. Ce dernier trouva chez un fermier une dinde digne des tables royales; Aurelle chercha de maison en maison de la sauge et des marrons. Parker alla lui-même s'occuper de la cuisine et voulut assaisonner de ses mains une salade dont il fut très fier et que le colonel examina longtemps avec méfiance. Quant au docteur, on le délégua avec Aurelle à Bailleul pour y acheter le champagne; il insista pour déguster plusieurs marques différentes, ce qui lui inspira pendant le voyage de retour des doctrines imprévues sur la nature des choses.

Il obtint la permission d'inviter ses amies Berthe et Lucie à venir à la fin du dîner boire au mess une coupe de champagne, et quand elles entrèrent, dans leurs robes du dimanche, le colonel exécuta *Destiny Waltz* à la vitesse 61. Les ordonnances avaient suspendu une grande touffe de gui au-dessus de la porte, et les jeunes filles demandèrent ingénument s'il n'était pas d'usage en Angleterre de s'embrasser sous le gui de Noël.

— Oh! mais oui, dit le docteur, et du bout des

lèvres, les mains derrière le dos, il mit un baiser sur la joue que lui tendit Berthe. Parker, tout aussi timide, en fit autant à la jolie Lucie, et Aurelle, comme Français, leur donna à toutes deux une tendre accolade.

— C'est bon, ça, mademoiselle, dit le petit docteur.

— Oui, dit Lucie avec un soupir, nous voudrions que ce soit tous les jours Noël.

— Oh! mais pourquoi? dit le docteur.

— Comme cela nous paraîtra triste après la guerre, reprit Berthe, quand vous serez tous partis! Avant, on n'y pensait pas... on ne voyait guère personne... on travaillait... on ne savait pas autrement. Mais maintenant, sans les boys, le village sera bien vide... Nous ne resterons pas, ma sœur et moi: nous irons à Paris ou à Londres.

— Oh! mais c'est triste, ça, dit le docteur.

— Mais non, dit Aurelle, vous vous marierez, tout simplement. Voux épouserez de riches fermiers; vous serez très occupées par vos bestiaux et vos poules et vous nous oublierez tous.

Les deux jeunes filles se rapprochèrent du colonel, qui leur adressa des grognements paternels et sortit pour elles le disque Caruso de sa chemise rouge incarnat.

Les hurlements de Caruso rendirent pendant une minute toute conversation impossible, puis Aurelle dit à Lucile:

— Les autres jeunes filles du village auront peut-être, en effet, quelque mal à trouver des maris, mais votre sœur et vous pouvez être tranquilles: vous êtes les plus jolies et votre père est en train de devenir le plus riche. Vous aurez de belles dots!

— Ça, oui… On nous prendra peut-être pour notre argent, dit Berthe, qui était modeste.

— Moi, je n'aimerais pas tant être épousée pour ma monnaie, dit Lucie.

—O créature étrange, dit le docteur, vous voudriez être aimée pour les traits de votre visage, c'est-à-dire pour la position dans l'espace de molécules albuminoïdes et graisseuses placées là par l'effet de quelque hérédité mendélienne, mais il vous répugnerait d'être aimée pour votre fortune, que vous avez contribué à former par votre travail et vos vertus domestiques.

Berthe regarda le docteur avec inquiétude et rappela à sa sœur qu'elles avaient des verres à laver avant de se coucher : elles vidèrent donc leurs coupes et partirent.

Après un silence reposant, le major Parker demanda à Aurelle de lui expliquer ce qu'était l'institution de la dot, et quand il eut compris s'indigna :

— Comment? Un homme reçoit ce splendide cadeau, une jolie femme, et pour l'accepter il exige de l'argent? Mais c'est monstrueux ce que vous nous racontez-là, Aurelle, et dangereux. Au lieu d'épouser de belles et bonnes femmes, qui feraient de bons et beaux enfants, vous épouserez de petits laiderons querelleurs pourvus d'un carnet de chèques.

— Celui qui a trouvé une bonne femme a trouvé un grand bien, cita le Padre, mais la femme querelleuse est comme un toit dont l'eau dégoutte toujours.

— C'est une erreur que de croire les enfants de l'amour mieux faits que les autres, intervint le docteur, que le champagne rendait évidemment combatif. Oh! je connais la vieille thèse: chaque homme choisit son complément naturel et ramène ainsi les enfants au type moyen de la race. Les grands hommes aiment les petites femmes; les gros nez aiment les petits nez retroussés et les hommes trop féminins s'amourachent des amazones.

Mais en fait, un intellectuel nerveux et myope épouse une pédante myope et nerveuse parce que leurs goûts les rapprochent. Un bon cavalier fait la connaissance des jeunes filles qui suivent les chasses à courre et les épouse pour leurs vertus sportives. Ainsi, loin de ramener au type moyen de la race, le mariage d'amour tend à exagérer les divergences.

Et puis, d'ailleurs, est-il souhaitable qu'une sélection s'opère? Il y a peu d'hommes vraiment brillants qui n'aient au moins un fou parmi leurs ancêtres. Le monde moderne a été fondé par trois épileptiques: Alexandre, Jules César et Luther, sans parler de Napoléon, qui n'était pas parfaitement équilibré. Dès lors, pourquoi votre sélection?

— Sur mille hommes de génie, combien de parents fous? dit le colonel.

— Ah! je n'en sais rien, *sir*, dit le docteur.

— Alors? dit le colonel.

— Déraisonnez tout votre soûl, docteur, dit le major Parker, moi si je me marie jamais, je n'épouserai qu'une très jolie femme. Comment s'appelait donc, Aurelle, cette charmante danseuse du film que nous avons vu ensemble à Hazebrouck?

— Napierkowska, sir.

— Oui, eh bien, si je la connaissais, je l'épouserais tout de suite. Et je suis sûr qu'elle est plutôt meilleure et plus intelligente que la moyenne des femmes.

— Mon ami Shaw, dit le docteur, dit que désirer la société permanente d'une jolie femme, jusqu'à la fin de ses jours, c'est comme si, sous prétexte que l'on aime le bon vin, on voulait toujours avoir la bouche pleine.

— Argument médiocre, observa le major, car enfin cela vaut encore mieux que de l'avoir toujours pleine de mauvais vin.

— Remarquez, reprit le docteur, que les femmes, qui représentent plus sûrement que nous l'instinct profond de la race, les femmes sont loin de vous donner raison: j'en connais peu qui cherchent à épouser un joli homme.

XIII

O mûre et charmante épicière
    Au corsage gonflé,
Et vous, jolie garde-barrière,
    Aux bras nus et musclés,

Institutrice aux yeux mi-clos,
    Aux robes citadines,
Vous qui possédiez un piano
    Et de longues mains fines,

Boulangère à qui les écus
    Ne coûtaient certes guère,
Car vous vous mettiez au-dessus
    Des préjugés vulgaires,

Ah! que vos charmes villageois
    Nous furent donc utiles
Pour vaincre le cafard sournois
    De ces journées hostiles!

Accoudés à votre comptoir
    Et parlant pour nous-mêmes,
Nous vous disions nos longs espoirs
    Et nos vastes problèmes.

Vous n'avez pas souvent compris,
    Mais soyez bien tranquilles,
Nos belles amies de Paris
    Ne sont pas plus habiles.

L'homme croit toujours émouvoir
    La femme qu'il désire :
Elle n'est pour lui qu'un miroir
    Dans lequel il s'admire,

Et quand Margot, l'air résigné,
    Subit nos hypothèses,
Elle vaut bien la Sévigné,
    Pourvu qu'elle se taise.

XIV

Quelques pages du journal d'Aurelle

Hondezeele, janvier 19 ...

Mme Lemaire a fait don au mess d'une bouteille
de vieux cognac, et le docteur est très en verve ce
soir: il est vraiment bien de la race de ces paysans
irlandais, grands amateurs de formules surprenantes.

— C'est au moyen âge, dit-il que nous devons les
deux pires inventions de l'humanité: l'amour roma-
nesque et la poudre à canon.

Et encore:

— La seule cause de cette guerre, c'est que les
Allemands n'ont pas le sens de l'humour.

Mais surtout il faut l'entendre démontrer avec
une rigueur très scientifique son théorème favori:

— Deux télégrammes de chefs égaux en grade et
de sens contraire s'annulent.

4 janvier.

Promenade à cheval avec le colonel et Parker:
que cette lumière du Nord est donc fine et délicate!

Le colonel est indigné d'apprendre que je n'ai
jamais chassé à courre:

— Vous devez, messiou; c'est le plus beau des
sports.   Vous sautez des banquettes hautes comme
votre cheval.   A dix-huit ans je m'étais déjà deux
fois cassé le cou; c'est excitant.

— Oui, dit Parker; un jour, comme je galopais
dans un bois, une branche m'est entrée dans l'œil
droit.   C'est un miracle que je n'aie pas été tué.
Une autre fois...

Il explique comment son cheval est tombé sur lui, lui cassant deux côtes, et tous deux en chœur, certains de m'avoir convaincu:

— Vous chasserez à courre après la guerre, messiou...

7 janvier.

Ce matin, je ne sais pourquoi, des troupes françaises ont traversé Hondezeele.   Le village et moi nous étions ravis.   Nous aimons les aigres cornemuses, mais aucune musique au monde ne vaut *Sidi-Brahim* et *Sambre-et-Meuse*.

J'étais heureux aussi de pouvoir montrer ces chasseurs à pied à Parker qui n'a vu de notre armée que de vieux gardes-voies.   Ça l'a assis.

"C'est aussi beau que des highlanders," m'a-t-il dit.

Sur quoi il me décrit les Lennox de jadis et ses débuts comme sous-lieutenant, en Égypte.

" Pendant six mois, il me fut interdit de parler au mess.   Usage excellent: nous apprenions ainsi à connaître l'humilité de notre condition et le respect dû à nos anciens.

" Si quelque ' tête gonflée ' ne s'accommodait pas de ce régime, il trouvait bientôt dans sa chambre son équipement emballé et enregistré pour l'Angleterre.   Refusait-il de comprendre, on le traduisait devant une cour martiale de subalternes...   Là il entendait quelques vérités utiles sur son caractère.

" C'était dur, mais quel esprit de corps, quelle discipline ces mœurs rudes nous donnaient...   Nous ne reverrons plus jamais un régiment qui vaille nos Lennox de 1914...   L'officier d'aujourd'hui a vu du service actif, c'est vrai, mais en somme il suffit, à la guerre, d'être bien portant et de n'avoir pas plus d'imagination qu'un poisson. C'est en temps de paix qu'il faut juger un soldat."

— Vous me rappelez, a dit le docteur, ce sergent-major des Gardes qui disait: " Ah! que je voudrais que cette guerre fût finie pour refaire de véritables manœuvres."

Ce soir, tandis que sévit le gramophone, je m'efforce de transposer en français un admirable poème de Kipling:

Si tu peux voir détruit l'ouvrage de ta vie
Et sans dire un seul mot te mettre à rebâtir,
Ou perdre en un seul coup le gain de cent parties
    Sans un geste et sans un soupir;
Si tu peux être amant sans être fou d'amour,
Si tu peux être fort sans cesser d'être tendre,
Et, te sentant haï, sans haïr à ton tour,
    Pourtant lutter et te défendre;

Si tu peux supporter d'entendre tes paroles
Travesties par des gueux pour exciter des sots,
Et d'entendre mentir sur toi leurs bouches folles
    Sans mentir toi-même d'un mot;
Si tu peux rester digne en étant populaire,
Si tu peux rester peuple en conseillant les rois,
Et si tu peux aimer tous tes amis en frère,
    Sans qu'aucun d'eux soit tout pour toi;

Si tu sais méditer, observer et connaître,
Sans jamais devenir sceptique ou destructeur;
Rêver, mais sans laisser ton rêve être ton maître,
    Penser sans n'être qu'un penseur;
Si tu peux être dur sans jamais être en rage,
Si tu peux être brave et jamais imprudent,
Si tu sais être bon, si tu sais être sage,
    Sans être moral ni pédant;

> Si tu peux rencontrer Triomphe après Défaite
> Et recevoir ces deux menteurs d'un même front,
> Si tu peux conserver ton courage et ta tête
>   Quand tous les autres les perdront,
> Alors les Rois, les Dieux, la Chance et la Victoire
> Seront à tout jamais tes esclaves soumis,
> Et, ce qui vaut bien mieux que les Rois et la Gloire,
>   Tu seras un homme, mon fils.

Je fais voir à Parker le texte anglais qui définit si bien Parker lui-même, et nous parlons des livres qu'il aime. Je commets l'imprudence de citer Dickens.

— Je déteste Dickens, dit le major, je n'ai jamais pu comprendre ce qu'on y trouvait d'intéressant. Ce sont des histoires d'employés, de bohèmes; je ne désire pas savoir comment ils vivent. Dans toute l'œuvre de Dickens, il n'y a pas un gentleman. Non, si vous voulez connaître le chef-d'œuvre du roman anglais, lisez *Jorrocks*.

13 janvier.

Un petit téléphoniste anglais qui est venu réparer notre appareil me dit: " Les téléphones, monsieur, c'est comme les femmes... Au fond, personne n'y comprend rien... un beau jour, rien ne va plus... on cherche pourquoi; on ne trouve pas... puis on les secoue, on jure et tout va bien."

J'aime à voir grandir lentement le respect de Parker pour l'Armée Française.

— C'est curieux, me dit-il, vous ramassez toujours plus de prisonniers que nous et vos pertes sont inférieures aux nôtres.— Pourquoi?

Et comme je garde un silence modeste:—C'est que, dit le docteur, les Français prennent cette guerre au sérieux, tandis que nous persistons à la considérer comme un jeu... Vous connaissez, Aurelle, l'histoire de Peter Pan, le petit garçon qui ne grandit jamais? ... Le peuple anglais, c'est Peter Pan: il n'y a pas de grandes personnes parmi nous... C'est charmant, mais parfois dangereux.

14 janvier.

Au dîner, un colonel irlandais:

— Je suis très ennuyé, dit-il; pendant ma dernière permission, j'ai loué une maison pour ma famille... Ma femme m'écrit maintenant que cette maison est hantée... Vraiment les propriétaires devraient dire ces choses.

— Peut-être ne le savient-ils pas, dit le colonel Bramble, toujours indulgent.

— Ils le savaient très bien!... Quand ma femme est allée se plaindre, ils ont paru très gênés et ont fini par avouer... Une de leurs arrière-grand'mères se promène depuis cent cinquante ans entre le salon et son ancienne chambre à coucher... Ils croient s'excuser en disant qu'elle est tout à fait inoffensive... C'est possible et je le crois volontiers, mais ce n'en est pas moins ennuyeux pour ma femme... Croyez-vous que je puisse faire annuler le bail?

J'ai risqué une phrase sceptique, mais le mess entier m'a accablé: les revenants de l'Irlande sont des faits scientifiques.

— Mais pourquoi les châteaux irlandais sont-ils plus que d'autres aimés des fantômes?

— C'est, dit le colonel irlandais, que nous sommes une race plus sensitive et que nous entrons plus facilement en communication avec eux.

Et il m'écrase d'arguments techniques sur la télégraphie sans fil.

15 janvier.

Le colonel, ayant appris ce matin qu'une ambulance automobile allait à Ypres, m'y a emmené. Devant l'asile, nous nous sommes trouvés coincés dans un tragique embarras de voitures, sous un bombardement violent.

Un cheval, les carotides coupées par un éclat d'obus, maintenu debout par les brancards, agonisait à côté de nous. Les conducteurs juraient. Rien à faire que d'attendre patiemment dans notre voiture, secoués par les explosions.

— Le docteur Johnson a raison, m'a dit le colonel: quiconque veut être un héros doit s'imbiber de brandy.

Puis comme une nouvelle explosion faisait trembler devant nous les débris de la ville morte: " Messiou, me dit-il, combien y avait-il donc d'habitants à Ypres avant la guerre?"

20 janvier.

Nous allons quitter Hondezeele: les casquettes rouges s'agitent, et déjà l'on voit passer des cyclistes, avant-garde naturelle de nos migrations.

Nous commencions à aimer ce pays: le village et la brigade, si défiants il y a un mois, se prenaient l'un pour l'autre d'une affection véritable. Mais les dieux sont jaloux...

> ...Demain, départ de la brigade:
> La cornemuse et le tambour
> Donneront la dernière aubade
> A ces fugitives amours.

Les montagnards aux beaux genoux,
Qui mimaient la danse du sable
Avec des chants graves et doux,
Vont danser la ronde du Diable.

La Victoire, un jour, les cherchant,
Les trouvera trois pieds sous terre,
Mais par ces fermes et ces champs
Flottera leur ombre légère,

Et dans nos villages des Flandres...

Interrompu par l'arrivée de nos successeurs, des Canadiens que Mme Lemaire et son petit garçon regardent avec méfiance.   Cela ne durera guère.

XV

On préparait une grande attaque: c'était un terrible secret que les états-majors gardaient jalousement. Mais Aurelle en fut informé quelques jours à l'avance par le communiqué allemand que publiait le *Times* et par le petit garçon de Mme Lemaire qui lui recommanda de ne pas le répéter.

Bientôt, en effet, la division reçut l'ordre d'aller occuper un des secteurs d'attaque. Le Padre, toujours optimiste, entrevoyait déjà des marches triomphales, mais le colonel lui rappela doucement que les objectifs étaient simplement une crête qui en temps de paix se fût appelée " légère ondulation de terrain " et deux villages d'ailleurs détruits. Le but réel était de retenir les forces de l'ennemi qui, à ce moment, avançait en Russie. Mais ces renseignements ne firent qu'accroître l'enthousiasme du Padre.

— Vous pouvez dire ce que vous voudrez, sir, si nous tenons cette crête, il leur est impossible de résister dans la vallée et nous perçons leurs lignes. Quant à la retraite des Russes, c'est excellent. Le Boche s'éloigne de ses bases, il allonge ses lignes de communication, il est fichu!

— Il ne l'est pas, dit le colonel, mais il le sera un jour, et c'est tout ce qu'il faut.

La veille de l'offensive, Aurelle reçut du colonel l'ordre d'aller servir d'agent de liaison entre l'état-major de la division et quelques batteries françaises qui renforçaient l'artillerie britannique dans ce secteur. Il souhaita donc bonne chance aux Lennox et les quitta pour un jour.

Il passa la nuit dans le jardin du petit château qu'habitait le général; le bombardement roulait sans interruption. Aurelle se promena dans les allées de ce parc qui avait été beau, mais que crevaient maintenant des tranchées et des abris, tandis qu'au milieu des pelouses s'élevaient des baraques camouflées. Vers minuit, la pluie, la pluie classique des offensives, se mit à tomber en larges gouttes. L'interprète s'abrita dans une remise avec des chauffeurs et des motocyclistes. Il retrouvait toujours avec plaisir ce petit peuple anglais, au langage véhément, mais aux pensées candides: ceux-là comme les autres étaient de braves gens, insouciants, courageux et frivoles. Ils lui fredonnèrent les dernières chansons de Londres, lui montrèrent des photographies de leurs femmes de fiancées et d'enfants, et lui demandèrent quand la damnée guerre serait finie. Ils partageaient d'ailleurs sur ce sujet l'optimisme parfait du Padre.

L'un d'eux, un petit électricien à l'esprit vif, demanda à Aurelle de lui expliquer la question Alsacienne. Celui-ci raconta l'affaire de Saverne, les défilés des étudiants strasbourgeois devant la statue de Kléber, les pèlerinages des Alsaciens à Belfort pour la revue du 14 Juillet, et les jeunes gens qui, à vingt ans, quittaient famille et fortune pour venir en France être soldats.

Ils lui dirent qu'ils comprenaient qu'on aimât la France: c'était un beau pays. Toutefois il n'y avait pas assez de haies dans le paysage. Mais ils appréciaient les vertus ménagères des femmes, les arbres le long des routes et les terrasses des cafés. Ils parlaient de Verdun avec enthousiasme, mais beaucoup d'entre eux avaient été acquis pour la première fois à l'idée de l'Entente par la victoire de Carpentier à Londres.

Le jour vint: la pluie tombait maintenant bruyamment; sur la pelouse, l'herbe et la terre ne formaient plus qu'une même pâte visqueuse. Aurelle monta au château; il rencontra l'aide de camp qu'il connaissait et lui expliqua ses ordres.

— Ah oui! dit celui-ci, c'est moi qui ai arrangé cela avec l'officier de liaison français: " Si le téléphone avec les batteries venait à être coupé nous aurions recours à vous." Entrez dans la salle des " signals " et asseyez-vous... Dans dix minutes, ajouta-t-il, nos hommes sautent le parapet.

La salle des " signals " était l'ancien jardin d'hiver du château. Au mur, une seule carte, carte des tranchées à très grande échelle, indiquait les lignes britanniques en noir et celles de l'ennemi en rouge. A deux longues tables étaient installés six téléphonistes. Des officiers à parements rouges, silencieux, arpentaient la salle avec calme et Aurelle pensa à une des phrases favorites du major Parker: " Un gentleman n'a pas de nerfs."

Comme cinq heures sonnaient, le général entra et les officiers, interrompant leur promenade, dirent tous ensemble: " *Good morning, sir.*"

— *Good morning*, dit le général, poliment.

Il était très grand; des cheveux gris également divisés et soigneusement lissés encadraient ses traits fins; l'or brillait sur les parements rouges de sa tunique bien coupée. Découvrant Aurelle dans son coin, il lui adressa un petit " Good morning " supplémentaire, indulgent et amical, puis il se promena d'un pas lent, les mains derrière le dos, entre les deux larges tables des téléphonistes. Le bruit des canons s'était subitement calmé et l'on n'entendait plus dans la salle vitrée que le pas magistral et mesuré du général.

Un timbre très sourd crépita : un téléphoniste nota tranquillement un message sur une formule officielle rose :

" 5 h. 5, lut le général doucement, 10ᵉ brigade. Attaque lancée—tir de barrage ennemi peu efficace —violent feu de mitrailleuses."

Puis il tendit le télégramme à un officier qui le piqua sur une longue aiguille.

— Transmettez au Corps, dit le général, et l'officier écrivit sur un papier blanc : " 5 h. 10 — 10ᵉ brigade rend compte comme suit — Attaque lancée — tir de barrage ennemi peu efficace — violent feu de mitrailleuses."

Il enfila une copie au carbone sur une autre aiguille et tendit l'original au téléphoniste qui, à son tour, lut le message dans l'appareil.

Avec une lenteur inflexible et monotone, les télégrammes blancs et roses s'entassèrent. Une brigade était dans la première ligne ennemie; l'autre était arrêtée devant un nid bétonné de mitrailleuses. Le général la renforça avec des éléments de la 3ᵉ brigade, puis fit téléphoner plusieurs fois à l'artillerie pour qu'on détruisît cette boîte à pilules. Et tous ces ordres étaient inscrits sur des papiers blancs et roses; un officier debout devant la carte géante faisait manœuvrer soigneusement des petits morceaux de carton de couleur, et cette agitation méthodique

rappelait à Aurelle l'aspect d'une grande maison
de banque à l'heure de la Bourse.

Vers six heures du matin, le chef d'état-major lui
fit signe d'approcher et l'amenant devant une carte
lui indiqua l'emplacement d'une batterie de 155
française et lui demanda d'aller voir l'officier pour
qu'il détruisît à tout prix certain remblai de chemin
de fer dans lequel une ou deux mitrailleuses s'obs-
tinaient. Le téléphone ne fonctionnait plus.

Au dehors tout était calme; la pluie tombait
toujours; le chemin était un ruisseau de boue jaunâtre. Le bruit du canon semblait plus lointain,
mais ce n'était qu'une illusion, car on voyait les
lueurs rouges mauvaises des éclatements sur le village, en avant du château.

Quelques blessés, couverts de pansements in-
formes, saignants, boueux, venaient lentement vers
l'ambulance par petits groupes. Aurelle entra dans
un petit bois de sapins; les aiguilles mouillées lui
parurent après la boue un terrain délicieux. Il
entendait le tir de la batterie française tout près,
mais ne pouvait la trouver. On lui avait dit: "Corne
nord-est du bois." Mais où diable était le nord-est?
Tout d'un coup le bleu d'un uniforme bougea dans
les sapins. Au même instant, une pièce tira tout
près de lui et, tournant à droite, il vit les artilleurs
à la lisière du bois, bien abrités par des buissons
épais. Un adjudant, à cheval sur une chaise, tunique ouverte, képi en arrière, commandait le tir.
Les hommes travaillaient adroitement et sans hâte
comme de bons ouvriers: on eût dit quelque paisible
usine en plein air.

— Mon adjudant, dit un homme, voilà un interprète.

— Ah! nous allons peut-être savoir pourquoi les
Anglais ne répondent plus, dit l'adjudant.

Aurelle lui transmit les ordres, car le capitaine
était au poste d'observation et le lieutenant cher-
chait à réparer le téléphone.

— Entendu, dit l'adjudant, un Lorrain à la voix
chantante et grave, on va vous démolir ça, jeune
homme.

Il téléphona au capitaine, puis s'étant fait montrer
le remblai sur la carte commença ses calculs. Aurelle
resta quelques instants, heureux de trouver ce coin
de bataille si dépourvu de faux romantisme et d'entendre enfin parler français.

Puis il reprit le chemin du château; coupant à
travers champs pour reprendre la grand'route, il se
rapprocha du champ de bataille.   Une brigade de
renfort montait en ligne; il la longea en sens inverse
avec quelques blessés auxquels il offrit un peu de
cognac.   Les hommes qui allaient se battre regar-
dèrent les blessés, silencieusement.

Un obus siffla au-dessus de la colonne; les têtes
ondulèrent comme des peupliers agités par le vent.
L'obus éclata dans un champ désert.   Puis Aurelle,
ayant passé la brigade, se trouva seul sur la route
avec la procession informe des blessés.   Ils avaient
la fièvre, ils étaient sales, ils étaient sanglants, mais,
heureux d'en avoir fini, ils se hâtaient de leur mieux
vers la douceur des lits blancs.

Un troupeau de prisonniers allemands passa, con-
duits par quelques highlanders.   Leurs yeux épeurés

de bêtes disciplinées semblaient chercher des chefs à saluer.

Comme Aurelle arrivait au château, il vit devant lui deux hommes portant un officier sur un brancard. L'officier devait avoir quelque horrible blessure, car un pansement monstrueux se gonflait sur son ventre et le sang qui avait traversé coulait doucement sur la boue de la route.

— Eh! oui, Aurelle, c'est moi, dit le mourant d'une voix étrange, et Aurelle reconnut le petit capitaine Warburton. Son visage fin et gamin était devenu grave.

— Cette fois, messiou, dit-il, O'Grady ne m'évacuera pas sur l'hôpital de la duchesse (il respira péniblement); je voudrais que vous disiez adieu au colonel de ma part... et puis qu'il écrive chez moi que je n'ai pas trop souffert... Espère que cela ne vous dérangera pas... *Thanks very much indeed.*

Aurelle, sans pouvoir trouver un mot, serra la main de cet enfant mutilé qui avait tant aimé la guerre, et les brancardiers s'éloignèrent doucement.

En arrivant au château, il trouva les visages toujours calmes, mais très sombres: il rendit compte de sa mission au chef d'état-major, qui le remercia distraitement.

— Est-ce que cela marche? demanda-t-il tout bas au téléphoniste.

— Oui, grommela l'homme... Tous objectifs atteints... mais le général tué... A voulu aller voir lui-même pourquoi la deuxième brigade n'avançait pas... un obus l'a enterré avec le major Hall.

Aurelle imagina les cheveux gris également divisés,

les traits fins du général, l'or et la pourpre des parements souillés par la boue ignoble des batailles. "Tant de dignité aisée, pensait-il, tant d'autorité courtoise, et demain une charogne que les soldats fouleront aux pieds sans le savoir." Mais déjà, autour de lui, on s'inquiétait du remplaçant.

Le soir, il alla au-devant des Lennox avec le régiment qui devait les relever. Le premier de ses amis qu'il trouva fut le docteur, qui travaillait dans un abri.

—Je crois que le régiment n'a pas fait de mauvaise besogne, dit-il… je n'ai pas encore vu le colonel, mais tous les hommes me disent qu'il a été merveilleux de courage et de présence d'esprit… Il paraît, messiou, que nous avons le record du nombre d'Allemands tués par un même homme… Private Kemble en a enfilé vingt-quatre… Ce n'est pas mal, n'est-ce pas?

— Non, dit Aurelle, mais c'est horrible. Est-ce vous qui avez soigné Warburton, docteur? je l'ai rencontré sur la route; il a l'air bien malade.

— Fichu, dit le docteur, et son ami Gibbons est mort ici cet après-midi, les deux jambes enlevées.

— Oh! Gibbons aussi… Pauvre Gibbons! Vous rappelez-vous, docteur, son discours sur sa grasse petite femme? Sans doute en ce moment elle joue au tennis avec ses sœurs dans quelque beau jardin anglais… Et les membres sanglants de son mari sont là dans cette couverture… C'est affreux, docteur, toutes ces choses.

— Peuh! fit le docteur en allant laver ses mains couvertes de sang. Dans trois mois vous verrez son portrait dans le *Tatler*: la belle veuve du capitaine Gibbons, M.C., qui va épouser prochainement…

XVI

Chanson du Comte de Dorset
(1665)

En cet instant, belles personnes,
Un adolescent bien poudré
A coup sûr près de vous fredonne
La chanson que vous adorez.
      Fa, do, sol, ré.

En caressant ses cheveux lisses
Avec des gestes maniérés,
Il vous fait des yeux en coulisse
Et des regards énamourés.
      Fa, do, sol, ré.

La vague cependant balance
Notre vieux bateau délabré,
Le vent qui siffle avec violence
Chante notre *Miserere*.
      Fa, do, sol, ré.

En vain, pour conjurer l'image
D'un sort, hélas! trop assuré,
Accrochés à nos bastingages,
Nous fredonnons désespérés:
      Fa, do, sol, ré.

Poussés vers les sombres royaumes
Par votre oubli prématuré,
Le plus lamentable des psaumes
Chante en notre cœur ulcéré:
      Fa, do, sol, ré.

Quoi ? Votre âme était si petite
Et votre amour si mesuré ?
Vous avez oublié si vite
Que ce fut notre air préféré,
    Fa, do, sol, ré.

En semblable cas, les Romaines
Restaient près du foyer sacré
Et chantaient en filant la laine
Des hymnes aux dieux ignorés.
    Fa, do, sol, ré.

Ne pouvez-vous faire comme elles ?
Oh ! dites que vous le voudrez
Et qu'en des amours éternelles
Pour nous seuls vous vous garderez.
    Fa, do, sol, ré.

Car si vous êtes inconstante,
Comme ces flots désemparés,
Craignez qu'un jour le doux andante
Ne devienne un *Dies iræ*.
    Fa, do, sol, ré.

XVII

Les Lennox Highlanders, à la relève de la brigade, furent envoyés pour six jours dans un champ de boue voisin de D... Le docteur O'Grady et l'interprète Aurelle y partagèrent une tente et, le premier soir, allèrent dîner ensemble au cabaret des Trois Amis.

Quand ils rentrèrent, les étoiles se détachaient avec éclat sur un ciel d'un bleu de velours sombre. La lumière douce de la lune s'accrochait aux étoiles pâles et aux herbes de la prairie. Quelques tentes, à l'intérieur desquelles une bougie brûlait, semblaient de grandes lanternes blanches; autour des feux de bivouac qu'inclinait le vent, des hommes juraient et chantaient.

— La guerre se joue du temps, dit le docteur, elle est éternelle et immuable. Ce camp pourrait être celui de César. Les tommies, autour de leurs feux, parlent de leurs femmes et de leurs dangers, de leurs chaussures et de leurs chevaux, comme des légionnaires de Fabius ou des grognards de la Grande Armée. Et, comme toujours, de l'autre côté de la colline, reposent les barbares Germains près de leurs chariots dételés.

Le bourgogne éloquent des Trois Amis inspirait au docteur ces discours; il s'arrêta, les pieds dans la boue.

— Cette tente a six mille ans, dit-il; c'est celle des Bédouins belliqueux qui fondèrent les Empires de Babylone et de Carthage. Une inquiétude d'anciens peuples migrateurs leur inspirait chaque année la nostalgie du désert et les poussait hors des murs des villes pour des razzias profitables. C'est encore cette même force, Aurelle, qui, chaque été avant la guerre, couvrait de tentes nomades les plages désertiques de l'Europe, et c'est l'obscur souvenir de la razzia ancestrale qui, le 1er août 1914 (époque des vacances, Aurelle, époque des migrations), incita les plus jeunes des barbares à lâcher leur empereur sur le monde. C'est une vieille comédie qui se joue tous les deux mille ans, mais le public semble encore y prendre quelque intérêt. C'est qu'il se renouvelle.

— Vous êtes pessimiste ce soir! dit Aurelle, que la tiède surprise d'un poêle à pétrole inclinait à la bienveillance.

— Qu'appelez-vous pessimisme? dit le docteur en retirant péniblement ses bottes durcies. Je crois que les hommes auront toujours des passions et qu'ils ne cesseront point de s'envoyer les uns aux autres à intervalles irréguliers, par les moyens les plus énergiques que leur procurera la science de leur temps, les objets les mieux choisis pour se briser mutuellement les os. Je crois que l'un des sexes cherchera toujours à plaire à l'autre et que de ce désir élémentaire naîtra éternellement le besoin de vaincre des rivaux. Dans ce but, les rossignols, les cigales, les cantatrices et les hommes d'État se serviront de leur gosier; les paons, les nègres et les soldats de parures brillantes; les rats, les cerfs, les tortues et les rois du spectacle de leurs combats. Tout cela n'est pas du pessimisme, c'est de l'histoire naturelle!

Tout en parlant, le docteur s'était introduit dans

son sac de couchage et avait saisi un petit livre sur la caisse à biscuits-bibliothèque.

— Écoutez ce discours, Aurelle, dit-il, et devinez par qui il a été prononcé:

" Mes regrets sur la guerre n'ont pas cessé et je consentirai à admirer votre invincible général lorsque je verrai la lutte terminée à des conditions honorables. Certes les brillants succès qui font votre joie font aussi la mienne, parce que ces victoires, si nous voulons user sagement de la fortune, nous procureront une paix avantageuse. Mais si nous laissons passer ce moment où nous pourrions paraître donner la paix plutôt que de la recevoir, je crains fort que cet éclat éblouissant ne s'évanouisse en fumée. Et si le destin nous réservait des revers, je tremble en pensant à la paix qu'imposerait à des vaincus un ennemi qui a le courage de la refuser à des vainqueurs."

— Je ne sais, dit Aurelle qui bâillait, Maximilien Harden?

— Le sénateur Hannon au Sénat de Carthage, triompha le docteur. Et dans deux mille trois cents ans, quelque docteur nègre, retrouvant pendant la grande guerre africaine un discours de Lloyd George, dira: " Ces vieux textes sont parfois d'une bien curieuse actualité."

Votre formidable guerre européenne a la même importance, Aurelle, que les luttes de deux fourmilières dans un coin de mon jardin d'Irlande.

— Elle en a beaucoup plus pour nous, dit Aurelle, et il me semble que la qualité des sentiments qu'elle suscite n'est pas animale. Croyez-vous que les fourmis soient patriotes?

— Certainement, répondit le docteur; les fourmis doivent être ardemment patriotes. Chez elles les races guerrières sont richement entretenues par une nation de serviteurs. Chaque saison, leurs armées partent en campagne pour voler les œufs d'espèces plus faibles. Des ouvrières en sortent, qui naissent esclaves dans une demeure étrangère. La bourgeoisie militaire est ainsi délivrée de la servitude du travail et ces soldats ne savent même plus manger. Enfermés avec du miel sans leurs servantes nourrices, ils se laissent mourir de faim. C'est ce qu'on appelle la mobilisation civile.

Et si cette guerre dure assez longtemps, vous verrez quelque jour, Aurelle, se séparer de l'humanité une espèce nouvelle: les hommes-soldats. Ils naîtront casqués et blindés, imperméables aux balles et pourvus d'armes naturelles; les suffragettes seront alors des ouvrières asexuées qui nourriront ces guerriers, cependant que quelques reines mettront au monde dans des institutions spéciales les enfants nationaux."

Ainsi discourait le docteur dans le silence bienveillant du camp et la douce clarté lunaire, et Aurelle, qui s'était endormi, voyait défiler sous ses paupières closes de monstrueuses fourmis kaki, que commandait le petit docteur.

XVIII

Les ordonnances apportèrent le rhum, le sucre et l'eau bouillante. Le révérend MacIvor commença une réussite. Le colonel joua *Destiny Waltz*. Et le docteur O'Grady, qui en temps de paix était médecin aliéniste, parla des fous.

— J'ai soigné, dit-il, un riche Américain qui se croyait poursuivi par la " bande des gaz empoisonnés." Pour sauver sa vie, il s'était fait construire un lit spécial entouré d'un grillage de bois blanc. Il passait ses jours dans cet abri sûr, vêtu seulement d'un maillot de bain rouge, à écrire une étude en vingt mille chapitres sur la vie et les œuvres d'Adam. Sa chambre était fermée par une triple porte, sur laquelle il avait fait graver: " Les porteurs de gaz sont avertis qu'il y a des pièges à loup à l'intérieur." Chaque matin il me faisait demander et dès que j'entrais: " Je n'ai jamais vu, disait-il, de créatures aussi stupides, aussi malfaisantes, aussi malodorantes et aussi brumeuses que les médecins anglais..."

— Je n'ai jamais vu, répéta le Padre avec satisfaction, de créatures aussi stupides, aussi malfaisantes et aussi brumeuses que les médecins anglais.

— Sur quoi, continua le docteur, il me tournait le dos, et, moulé dans son costume de bain rouge, se remettait au vingt millième chapitre de l'étude sur les œuvres d'Adam.

— Tenez, messiou, interrompit le colonel qui avait repris l'examen des papiers de la brigade, voici du travail pour vous, et il tendit à Aurelle une épaisse liasse couverte de cachets multicolores.

Cela commençait ainsi:

" Le chef de gare de B..., commissaire technique, à M. le commissaire militaire de la gare de B...

" J'ai l'honneur de vous informer que la demoiselle Héninghem, garde-barrière à Hondezeele, se plaint des faits suivants: des soldats anglais cantonnés le long de la voie du chemin de fer ont pris l'habitude de faire chaque matin leurs ablutions en plein air, ce qui constitue un spectacle choquant pour la demoiselle en question, appelée par son service à leur faire face. Je vous serais reconnaissant de bien vouloir donner des ordres pour qu'il soit mis fin au plus tôt à cet état de choses regrettable."

Signature.   (Cachet.)

" Le commissaire militaire de la gare de B... à M. le commissaire régulateur W...

" Transmis à toutes fins utiles."

Signature.   (Cachet.)

" Le commissaire régulateur W... au D.A.D.R.T.

" Je vous serais reconnaissant de bien vouloir donner des ordres pour que le camp en question soit entouré d'un treillage d'une épaisseur telle que la visibilité à 50 mètres de distance puisse être pratiquement considérée comme nulle."

— Celui-là, dit Aurelle, est un polytechnicien.

Le Padre demanda ce que c'était qu'un polytechnicien.

— Un polytechnicien est un homme qui croit que tous les êtres, vivants ou inanimés, peuvent être définis avec rigueur et soumis au calcul algébrique. Un polytechnicien met en équation la victoire, la tempête et l'amour. J'en ai connu un qui, commandant une place forte et ayant à rédiger des ordres pour le cas d'attaques aériennes, commença ainsi :

" On dit que la place forte de X... est attaquée par un engin aérien lorsque le point de rencontre avec le sol de la verticale passant par cet engin se trouve à l'intérieur de l'enceinte de la défense."

— Ne dites pas de mal de Polytechnique, Aurelle, dit le docteur : c'est la plus originale et la meilleure de vos institutions. En elle se prolonge si bien la culture personnelle de Napoléon que la France, chaque année, présente deux cents lieutenants Bonaparte à des gouvernements surpris.

— Continuez à traduire, messiou, dit le colonel.

" D.A.D.R.T. à commissaire régulateur.

" Ceci ne me concerne pas ; il s'agit d'une division au repos. Il faut adresser votre réclamation à l'A.G. par l'intermédiaire de la mission française."

Signature.   (Cachet.)

" Commissaire régulateur à direction de l'arrière, G.Q.G.

" J'ai l'honneur de vous transmettre ci-joint à toutes fins utiles un dossier concernant une plainte de la demoiselle Héninghem, de Hondezeele."

Signature.   (Cachet.)

Et cela continuait : direction de l'arrière à mission militaire française, mission française à adjudant général, A.G. à armée, armée à corps, division à brigade, brigade à colonel des Lennox Highlanders.

Et c'était signé de noms illustres: colonel, chef d'état-major pour général, brigadier général, major général, et les scrupules pudiques de la demoiselle Héninghem, de Hondezeele, s'étaient vêtus, au cours d'un long voyage, de pourpre, d'or et de gloire.

— Voilà une ennuyeuse affaire, dit le colonel Bramble avec le plus grand sérieux. Parker, soyez le bon garçon et répondez, voulez-vous?

Le major travailla quelques minutes, puis lut:

" Ce régiment ayant quitté le cantonnement de Hondezeele depuis deux mois et demi, il est malheureusement impossible de prendre les mesures demandées en ce qui le concerne. D'ailleurs, étant donné le prix élevé d'un treillage de hauteur suffisante, je me permets de suggérer qu'il serait plus avantageux pour les gouvernements alliés de remplacer la garde-barrière de Hondezeele par une personne d'âge canonique et d'expérience éprouvée, pour laquelle le spectacle décrit ci-dessus serait inoffensif et peut-être agréable."

— Non, Parker, non, dit le colonel avec force: je ne signerai pas cela. Donnez-moi une feuille de papier, je répondrai moi-même.

Il écrivit simplement:

" Pris bonne note et retourné le dossier ci-joint.

Signé: BRAMBLE,
Colonel."

— Vous êtes un sage, sir, dit Parker.

— Je connais le jeu, dit le colonel, je l'ai joué pendant trente ans. ·

— Il y avait une fois, dit le docteur, deux officiers

qui, le même jour, perdirent chacun un objet appartenant au gouvernement de Sa Majesté. Le premier égara un seau à charbon, le second un camion automobile. Or vous savez, Aurelle, que, dans notre armée, un officier est responsable sur ses propres deniers de la valeur des objets qu'il perd par négligence. Les deux officiers reçurent donc deux notes du War-Office avisant l'un qu'il aurait à payer la somme de trois shillings, l'autre qu'il lui serait retenu mille livres sur son traitement. Le premier voulut se défendre : il n'avait jamais eu de seau à charbon et prétendit le démontrer. Il compromit son avancement et dut à la fin payer les trois *bob*. Le second, qui connaissait les voies du Seigneur, écrivit simplement au bas du papier : " Noté et retourné." Et il renvoya le papier au War-Office. Là, suivant une vieille et sage règle, un scribe perdit le dossier et le bon officier n'entendit plus jamais parler de cette bagatelle.

— Votre histoire n'est pas mal, docteur, dit le major Parker, mais il y a, en cas de perte d'objets appartenant au gouvernement, une méthode plus sûre encore que la vôtre, c'est la méthode du colonel Boulton.

Le colonel Boulton commandait un dépôt de matériel. Il était responsable, entre autres choses, de cinquante mitrailleuses. Un jour il s'aperçut que le dépôt n'en possédait plus que quarante-neuf. Toutes les enquêtes, toutes les punitions aux gardes-magasins ne purent faire retrouver la mitrailleuse manquante.

Le colonel Boulton était un vieux renard et n'avait

jamais avoué une erreur. Il signala simplement dans son état mensuel qu'un trépied de mitrailleuse avait été brisé. On lui envoya un trépied de remplacement sans commentaire.

Un mois après, sous un prétexte quelconque, il enregistra la mise hors service d'un appareil de pointage pour mitrailleuse; le mois suivant il demanda trois écrous; puis une plaque de recul, et, pièce par pièce, en deux ans, il anéantit sa mitrailleuse tout entière. Pièce par pièce également, le service de l'ordonnance la lui reconstruisit sans attacher d'importance à ces remplacements de pièces détachées.

Alors le colonel Boulton, satisfait, passa la revue de ses mitrailleuses, et il en trouva cinquante et une.

Pendant qu'il reconstituait patiemment la machine perdue, quelque damné idiot avait dû la retrouver dans un coin. Et Boulton dut employer deux ans de comptabilité savante à faire apparaître sur ses livres, pièce par pièce, la nouvelle machine tirée du néant.

— Messiou, dit le colonel, vous souvenez-vous de la garde-barrière de Hondezeele? Je n'aurais pas cru cela d'elle.

— Moi non plus, dit Aurelle, elle était fort jolie.

— Messiou! fit le Padre.

XIX

— Docteur, dit le Padre, donnez-moi un cigare.

— Ignorez-vous, Padre, que mes cigares ont été roulés par les filles de la Havane?

— O'Grady, dit le colonel sévèrement, je trouve cette remarque déplacée.

— Donnez-m'en un tout de même, dit le Padre. J'ai besoin de fumer un cigare pour trouver un texte de sermon; le quartermaster m'a fait promettre d'aller voir les conducteurs qui sont à l'arrière, et je ne sais de quoi leur parler.

— Que ne le disiez-vous, Padre, je vais vous donner un texte fait sur mesure... Prêtez-moi votre Bible un instant. Ah! voici, écoutez... "Mais David dit: Ce n'est pas ainsi, mes frères, que vous devez disposer du butin, car celui qui demeure au bagage doit avoir autant de parts que celui qui descend au combat, et ils partageront également."

— Admirable, dit le Padre, admirable; mais dites-moi, O'Grady, comment se fait-il qu'un mécréant comme vous connaisse si bien les livres saints?

— J'ai beaucoup étudié ce livre de Samuel comme médecin aliéniste, dit le docteur; la neurasthénie de Saül m'intéressait. Ses crises sont fort bien décrites. J'ai diagnostiqué aussi la folie de Nabuchodonosor. Ce sont deux types très différents. Saül était un apathique et Nabuchodonosor un excité.

— Je voudrais que vous laissiez Nabuchodonosor tranquille, dit le colonel.

— J'ai très peur des médecins aliénistes, dit le major Parker; excités, déprimés ou apathiques, nous sommes tous fous, à les entendre.

— Qu'appelez-vous un fou? dit le docteur. Il est bien certain que je retrouve chez vous, chez le colonel et chez Aurelle tous les phénomènes que j'observe dans les asiles d'aliénés.

— Houough! fit le colonel, choqué.

— Mais certainement, sir. Entre Aurelle qui oublie la guerre en lisant Tolstoï et tel de mes vieux amis qui se croit Napoléon ou Mahomet, il y a une différence de degré, mais non de nature. Aurelle se nourrit de romans par un besoin maladif de vivre la vie d'un autre être; mes malades, à leur destinée misérable, substituent celle d'un grand personnage, dont ils ont lu l'histoire et envié le sort.

Oh! je connais vos objections, Aurelle. Alors même que vous rêvez tout éveillé aux amours du prince Bolkonsky, vous savez que vous êtes l'interprète Aurelle attaché aux Lennox Highlanders, tandis que lorsque la reine Élisabeth nettoie le plancher de mon bureau, elle ne sait pas qu'elle est mistress Jones, femme de journées à Hammersmith. Mais l'incohérence n'est pas le monopole des fous: toutes les idées essentielles d'un homme sain sont des constructions irrationnelles édifiées tant bien que mal pour expliquer ses sentiments profonds.

— Parker, dit le colonel, voyez-vous un moyen pour le réduire au silence?

— Une grenade n° 5, sir, dit le major.

Mais le docteur continua imperturbable:

— J'ai eu parmi mes patients un country gentleman qui, après avoir été pendant la première partie de sa vie un modèle de piété, était devenu soudain athée. Il en donnait les raisons les mieux déduites et discutait avec beaucoup d'érudition les questions d'exégèse et de doctrine, mais la seule et vraie cause de sa conversion à rebours était la fuite de sa femme avec le clergyman du village... Oh! je vous demande pardon, Padre: vous ne m'en voulez pas?

— Moi? Il y a longtemps que je ne vous écoute plus, dit le Padre qui avait étalé une réussite.

—De même, continua le docteur, se tournant vers le docile Aurelle, un homme trop fin pour la classe où le hasard l'a fait naître est d'abord simplement jaloux et malheureux. Mû par ces sentiments, il construit ensuite une critique véhémente de la société pour expliquer ses déboires et ses haines. Nietzsche avait du génie parce qu'il avait le délire de la persécution. Karl Marx était un dangereux maniaque. Seulement quand les sentiments de mécontentement qu'il s'agit d'expliquer sont ceux de toute une classe ou de toute une nation, le théoricien passionné devient un prophète ou un héros, tandis que s'il se borne à expliquer qu'il aurait préféré naître empereur, on l'enferme.

— Morale, dit le major: enfermez tous les théoriciens.

— Et le docteur, dit le colonel.

— Non, pas tous, dit le docteur; nous agissons là-dessus tout comme faisaient les anciens. Tous les peuples primitifs ont admis que le fou est habité par un démon. Quand ses propos incohérents s'accordent à peu près avec les préjugés moraux de l'époque, le démon est bon et l'homme est un saint. Dans le cas contraire, le démon est mauvais et l'homme doit être supprimé. Suivant les lieux, les temps et les médecins, la sibylle sera adorée comme prêtresse ou douchée comme hystérique. D'innombrables fous furieux ont dû échapper au cabanon grâce à la guerre et leur fureur en a fait des héros. Et dans tous les Parlements il y a au moins cinq à six fous indiscutables que leur folie même a désignés à l'admiration de leurs concitoyens.

— Dites cinq ou six cents, dit le major Parker, et voilà la première parole sensée que vous ayez prononcée ce soir.

— C'est, dit le docteur, que ma folie en ceci s'accorde avec la vôtre.

— Docteur, dit le colonel, vous savez faire de la suggestion, n'est-ce pas? Je voudrais que vous calmiez un peu votre sergent infirmier. C'est un individu tellement nerveux que, si je lui parle, il se met à trembler et devient muet. Je crois, ma foi, que je le terrorise. Donc, soyez un bon garçon et voyez ce que vous pouvez faire.

Le lendemain matin, le docteur O'Grady fit appeler le sergent Freshwater à sa tente et lui parla amicalement.

Freshwater, un albinos décharné aux yeux lourds de stupidité, avoua qu'il perdait la tête quand le colonel s'approchait de lui.

— Eh bien! mon ami, dit le docteur, nous allons vous guérir de cela en cinq minutes... Asseyez-vous là.

Il fit quelques passes pour créer un état d'esprit favorable à la suggestion, puis commença:

— Vous n'avez plus peur du colonel... Vous savez

que c'est un homme comme vous et moi... vous trouvez même amusant de lui parler... vous regardez sa figure de près quand il vous interroge... Il a toujours la moustache coupée un peu trop court du côté gauche...

Le docteur continua ainsi pendant un quart d'heure à décrire les traits rudes et les manies comiques du colonel, puis renvoya le sergent en lui annonçant qu'il était guéri et qu'il s'en apercevrait à sa première rencontre avec son chef.

Quelques heures plus tard, le colonel Bramble, allant prendre son lunch, rencontra le sergent infirmier sur une des planches à canard qui permettaient de traverser le camp. Freshwater s'effaça, salua et se mit à rire silencieusement.

— Qu'est-ce qui vous prend, sergent? dit le colonel stupéfait.

— Ah! sir, répondit Freshwater en éclatant de rire, je ne peux pas m'empêcher de rire en vous regardant: vous avez une si drôle de tête.

Le colonel, en quelques mots bien choisis, détruisit sans remède les suggestions savantes du docteur, puis, s'attablant devant le homard en conserve, il complimenta O'Grady sur ses cures miraculeuses.

— Je n'ai jamais vu, dit le Padre, de créatures aussi stupides, aussi malfaisantes, aussi malodorantes et aussi brumeuses que les médecins anglais.

— La médecine, dit le major Parker, est une bien vieille plaisanterie, mais on ne s'en lasse pas... Voyons, docteur, soyez sincère pour une fois: que savez-vous de plus que nous sur les maladies et leurs remèdes?

— C'est cela, dit le Padre, attaquez donc un peu

sa religion; il attaque assez souvent la mienne.

— Lorsque j'étais aux Indes, dit le colonel, un vieux médecin militaire m'a donné pour toutes les maladies des remèdes dont je me suis bien trouvé: contre les battements de cœur, un grand verre de brandy; contre les insomnies, trois ou quatre verres de porto après le dîner; pour les maux d'estomac, une bouteille de champagne bien sec, à chaque repas. Et tant que l'on se porte bien, whisky and soda.

— Excellent, sir, dit Aurelle. Avant la guerre je buvais de l'eau pure et j'étais toujours malade; depuis que je suis avec vous j'ai adopté le whisky et je me porte beaucoup mieux.

— C'est évident, dit le colonel. J'avais un ami, le major Featherstonehaugh, qui vers l'âge de quarante ans commença à avoir des éblouissements: il alla voir un médecin qui accusa le whisky et lui conseilla d'essayer pendant quelque temps de boire du lait... Well, dix jours après il était mort.

— Et c'était bien fait, dit le Padre.

— Mais l'explication, dit le docteur, est...

— Heureux ceux qui n'expliquent rien, dit le Padre, car ils ne seront point désappointés.

— Quoi, vous aussi, Padre? dit le docteur. Prenez garde: si vous ruinez les médecins par vos propos malveillants, je fonderai une société pour l'exportation aux colonies d'idoles mécaniques et de rôtissoires à missionnaires.

— Voilà une excellente idée, dit le Padre: je prendrai des actions.

XX

La brigade, désignée comme réserve de division, reçut l'ordre d'aller cantonner à H... Comme un dentiste mesure d'un coup d'œil l'étendue d'une carie, les hommes des Lennox, experts en bombardements, jugèrent le village en professionnels. Autour du château et de l'église, c'était pourri: maisons écroulées, pavés déchaussés, arbres brisés. Le tissage était un autre centre d'infection. Le reste était à peu près sain, un peu piqué peut-être, mais habitable.

La maison assignée comme mess au colonel Bramble avait déjà reçu un obus. Il avait éclaté dans le jardin, brisant les carreaux et égratignant les murs. Madame, une petite vieille bien propre, s'efforçait de dissimuler cette tare qui dépréciait sa maison.

— Oh! un obus, monsieur l'officier! disait-elle. C'était un tout petit obus; j'en ai mis le fond là, sur ma cheminée. C'est pas grand'chose, comme vous pouvez voir... Bien sûr, ça fait des saletés partout, mais j'en suis pas effrayée.

Le colonel lui demanda combien de ses carreaux avaient été cassés.

— Je n'aime pas cette maison, dit le Padre quand ils se mirent à table pour le dîner.

— La vie du soldat, dit le colonel, est une vie dure, parfois mêlée de réels dangers.

— Ne vous frappez pas, Padre, dit le docteur, les obus tombent comme les gouttes d'eau: s'il pleut beaucoup tous les pavés seront mouillés.

— Le mess des Lennox a toujours eu de la chance, dit le major Parker.

— Voilà qui ne veut rien dire, dit le docteur.

— On voit que vous n'êtes pas joueur, dit Aurelle.

— On voit que vous n'êtes pas mathématicien, dit le docteur.

Le Padre protesta :

— Comment ? Cela ne veut rien dire ? Et ce petit Taylor, tué par un obus dans la gare de Poperinghe, à la minute où il arrivait au front pour la première fois ? Vous n'appelez pas cela de la déveine ?

— Pas plus que si un vieil habitué comme moi était nettoyé par un whizz-bang, Padre. Vous admirez que Taylor ait été tué à la première minute, comme vous vous étonneriez si, dans une loterie d' un million de billets, le numéro 1 gagnait, quoique celui-ci ait évidemment autant de chances que le 327,645. Il faudra bien que quelqu'un soit le dernier tué de cette guerre, mais vous verrez que sa famille ne trouvera pas cela naturel.

— Vous êtes un fanatique, O'Grady, dit Parker, vous voulez que tout puisse être expliqué : il y a plus de choses dans le ciel et sur la terre que n'en connaît votre philosophie. Je crois, moi, aux séries de chance et de malchance, parce que j'en ai observé. Je crois aux pressentiments, parce que j'en ai eu, et que les événements les ont confirmés.

Quand, après la guerre du Transvaal, je fus rapatrié, je reçus l'ordre de m'embarquer sur un certain transport... Well, deux jours avant le départ, j'ai eu brusquement le sentiment impérieux qu'il fallait éviter à tout prix de monter à bord de ce bateau. Je me suis porté malade et j'ai attendu quinze jours de plus. Le transport que j'avais évité s'est perdu corps et biens, et personne n'a jamais su comment. Alors? Pourquoi êtes-vous certain, vous, docteur, que l'aspirine calmera votre migraine? Parce que l'aspirine vous a déjà guéri. Où est la différence?

— Le major a raison, dit Aurelle. Dire que vous ne croyez pas à la malchance d'un homme parce que vous ne la retrouvez pas à l'autopsie, c'est comme si vous disiez: l'accordeur a démonté le piano, donc Mozart n'avait pas d'esprit.

Le *quartermaster*, qui dînait avec eux ce soir-là, jeta son poids dans la discussion:

— Il y a des choses inexplicables, docteur. Par exemple, je vous donne un coup de poing dans la figure: vous fermez l'œil, pourquoi?

Il se fit un silence étonné.

— Autre exemple, dit enfin le Padre: pourquoi, si un silence se produit dans une conversation, est-il toujours l'heure moins vingt ou plus vingt minutes?

— Mais c'est faux, dit le docteur.

— C'était en tout cas vrai cette fois-ci, dit Aurelle qui avait regardé sa montre.

— C'est possible une fois, deux fois, dit le docteur agacé, mais ce ne peut être constant.

— Bien, docteur; bien, docteur, dit le Padre, vérifiez pendant quelques jours et vous m'en direz des nouvelles.

— Mes hommes, dit le colonel, me disent avoir remarqué que si un obus tombe sur un abri où se trouvent des mitrailleurs et de simples fantassins, les fantassins sont tués et les mitrailleurs sont épargnés. Pourquoi?

— Mais c'est faux, sir.

— Et pourquoi faut-il éviter d'allumer trois cigarettes avec la même allumette?

— Mais il ne faut pas, sir, cela n'a aucune importance.

— Ah! là, je vous arrête, docteur, dit le colonel; je ne suis pas superstitieux, mais je ne ferais cela pour rien au monde.

— Pourquoi les gens habillés de vert perdent-ils toujours à Monte-Carlo? dit Aurelle.

— Mais c'est faux! hurla le docteur, exaspéré.

— Il est par trop facile de discuter comme vous, dit Parker: tout ce qui contrarie votre thèse est faux.

— Il n'y a pas, dit le Padre, de créatures plus malfaisantes et plus brumeuses que les médecins anglais.

— Messiou, dit le colonel, est-ce que dans l'armée française les mitrailleurs ont aussi meilleure chance?

— Je l'ai souvent remarqué, dit Aurelle, qui aimait beaucoup le colonel Bramble.

Celui-ci triompha et essaya de mettre fin à cette discussion qui l'ennuyait: "Je suis désolé, dit-il, je ne pourrai vous faire marcher le gramophone ce soir; je n'ai plus d'aiguilles."

— Ça, c'est vraiment dommage, dit le Padre.

Les vitres tremblèrent: un gros canon tirait tout près de la maison. Aurelle alla à la fenêtre et vit, au delà de la silhouette d'une ferme qui se détachait en noir sur le ciel orange du crépuscule, une fumée jaunâtre qui se dissipait lentement.

— Voilà le vieux qui recommence à strafer, dit

le Padre; je n'aime pas cette maison.

— Il faudra vous y faire, Padre; le staff captain ne nous en donnera pas d'autre; c'est un boy qui sait ce qu'il veut.

— Oui, dit le colonel, *he is a very nice boy, too*; c'est un des fils de lord Bamford.

— Son père, le vieux lord, était un beau cavalier, dit Parker.

— Sa sœur, reprit le colonel, a épousé un cousin de Graham, qui était major dans notre premier bataillon au début de la guerre et qui est maintenant brigadier général.

Aurelle, prévoyant qu'un sujet aussi passionnant et aussi riche en possibilités de développements inattendus occuperait la soirée entière, essaya de griffonner des vers tout en continuant à méditer sur le hasard et la chance.

> Tu l'as dit, ô Pascal, le nez de Cléopâtre,
> S'il eût été plus court... nous n'en serions pas là.

Une nouvelle et formidable détonation lui fit oublier la rime en âtre subtile qu'il avait espéré amener: découragé, il essaya un début mirliton-esque:

> Croyez pas que je moralise,
> Si je vous envoie ces bobards,
> C'est que notre mess analyse
> Ce soir la question du hasard...

Un éclatement rapproché mit soudain le colonel debout:

— Ils recommencent à bombarder le château, dit-il, je vais voir où c'est tombé.

Le major Parker et le docteur le suivirent dans la rue, mais Aurelle, qui rimaillait encore, resta avec le Padre qui recommençait la même réussite pour la quatorzième fois de la soirée. Les trois officiers avaient fait environ cent mètres quand une nouvelle explosion se produisit derrière eux.

— Celui-là n'était pas loin du mess, dit le docteur ; je vais dire à madame de descendre à la cave.

Il revint sur ses pas et trouva l'entonnoir tout frais devant la maison. Celle-ci n'avait pas souffert ; à travers la fenêtre brisée, il vit le Padre et l'appela :

— Rasé de près, cette fois, Padre ; all right ? Où est Aurelle ?

Mais le révérend MacIvor ne bougea pas : la tête appuyée sur ses bras croisés au-dessus de trois cartes en désordre, il semblait regarder vaguement le docteur, qui entra d'un bond et toucha l'épaule du Padre.

Celui-ci était mort. Un éclat d'obus avait crevé la tempe, qui saignait doucement. Aurelle était tombé sur le sol ; il était inanimé et couvert de sang, mais le docteur, en se penchant sur lui, vit qu'il respirait. Comme il ouvrait la veste et la chemise, le colonel et Parker arrivèrent de leur pas mesuré et s'arrêtèrent brusquement sur la porte :

— Le Padre a été tué, sir, dit le docteur simplement ; Aurelle est touché aussi, mais je ne crois pas que ce soit très grave... Non... c'est à l'épaule... assez superficiel.

— Houugh ! grogna longuement le colonel avec beaucoup de sympathie.

Parker aida O'Grady à étendre le Français sur une table; un chiffon de papier griffonné attira l'attention du colonel, qui le ramassa et lut péniblement:

Pourquoi me fermes-tu les yeux
Lorsque tu me baises la bouche?

— *What is it all about?* dit-il.

— C'est à Aurelle, dit le docteur.

Le colonel plia la petite feuille soigneusement et la glissa avec respect dans la poche du jeune Français. Puis, quand le docteur eut achevé son pansement et eut envoyé chercher une ambulance, ils couchèrent le Padre sur le pauvre lit de madame. Tous se découvrirent et restèrent longtemps silencieux en contemplant le visage du vieil homme enfant qui était devenu d'une douceur singulière.

Le docteur regarda sa montre: il était neuf heures vingt.

XXI

Aurelle, à sa sortie de l'hôpital, fut attaché, pour achever sa convalescence, au colonel anglais Musgrave qui, à Estrées, petite ville située bien à l'arrière des lignes, dirigeait un service de ravitaillement. Il regrettait les soirées du mess des Lennox, mais les achats de foin et de bois le promenaient longuement dans de belles campagnes ondulées, coupées de ruisseaux clairs, et il aimait Estrées qui cachait au fond d'une corolle de collines fleuries les étamines innombrables de ses clochers.

C'était une très vieille cité qui, dans sa jeunesse, au temps des seigneurs d'Estrées, avait tenu un rôle important dans les affaires de France. Pendant quelques centaines d'années, elle avait défendu contre les troupes des rois d'Angleterre les murailles sur lesquelles elle voyait désormais camper ces mêmes soldats en hôtes familiers et courtois. Ses bourgeois tenaces avaient repoussé avec un égal succès les ligueurs et les Espagnols. Elle s'endormait maintenant dans une souriante vieillesse, ayant vu trop de choses pour s'étonner encore, et gardant du temps de sa gloire son écrin de beaux hôtels bâtis entre cour et jardin, avec la noble simplicité de lignes des bonnes époques.

Le colonel Musgrave habitait avec ses officiers la maison immense et gracieuse du traitant hollandais Van Mopez, que Colbert avait établi à Estrées pour y introduire l'art de tisser et de teindre les draps.

Aurelle aimait à aller vers le soir lire, sur un des bancs du jardin à la française, une histoire d'Estrées, écrite par M. Jean Valines, membre correspondant de l'Académie d'Amiens et auteur des *Nouvelles observations sur les miracles de la chapelle d'Estrées.*

On trouvait dans cet excellent ouvrage les récits des grandes réjouissances et fêtes insignes par lesquelles Estrées la Fidèle avait, au cours des siècles, reçu ses rois quand ils venaient, en la chapelle de saint Ferréol, s'agenouiller aux pieds de l'image miraculeuse qu'on y révérait.

Des magistrats municipaux prudents conservaient soigneusement, entre les visites royales, les draperies blanches et bleues brodées de fleurs de lys, les décors de carton peint et les théâtres de planches.

La Révolution avait troublé l'économie de ces arrangements domestiques: il fallut arracher les fleurs de lys et coudre une frange rouge au long des draperies bleues et blanches.   On put ainsi décorer à peu de frais la place Saint-Ferréol pour la fête de l'Être suprême.   Aurelle en aimait le récit:

" Le cortège, précédé de la musique et des tambours, offrait d'abord un peloton de garde nationale portant une bannière sur laquelle on lisait:

" *Le peuple est debout : il écrase les tyrans.*

" Puis venaient les mères de famille portant dans leurs bras leurs tendres nourrissons; les enfants des deux sexes parés des plus beaux ornements de leur âge, l'innocence et la candeur; les jeunes filles ornées de leurs charmes et de leurs vertus, et les membres de cette société, si redoutable aux traîtres, qui réunissait dans son sein les défenseurs de la vérité, les soutiens de l'opinion publique et les surveillants infatigables des ennemis du peuple.

"Tout ce cortège se réunit au pied de la montagne élevée sur la place de Saint-Ferréol. Là, le peuple d'Estrées jura d'être fidèle aux lois de la nature et de l'humanité, et à l'instant un groupe représentant le Despotisme et l'Imposture devint la proie des flammes; la Sagesse semblait sortir des cendres et on lisait sur son égide: " Je veille sur la République."

Aurelle tournait quelques pages, très peu, car, disait M. Jean Valines, " l'heureuse stérilité des archives d'Estrées pendant la Révolution n'offre d'autres faits dignes d'attention que deux fêtes, un incendie et une inondation," et tout de suite c'était la visite du Premier Consul. Il vint à Estrées, accompagné de son épouse et de plusieurs officiers généraux, et fut reçu par les autorités sous un arc de triomphe que l'on avait dressé porte Saint-Ferréol; on y lisait cette inscription:

> " *Les fidèles habitants de cette cité jurent au vainqueur de Marengo attachement et reconnaissance.*"

" Le maire présenta les clefs de la ville sur un plateau d'argent couvert de lauriers.

' Je les touche, citoyen maire, et je vous les remets,' répondit Bonaparte.

" La garde nationale formait la haie sur son passage et on n'entendait que les cris de ' Vive Bonaparte! Vive le Premier Consul!' mille fois répétés avec enthousiasme. Le Premier Consul visita la manufacture Van Mopez et fit distribuer le prix d'une journée de travail à chacun des ouvriers. La journée se termina par une illumination générale et un bal brillant.

" Peu de temps après son mariage avec Marie-Louise, Napoléon revint accompagné de l'impératrice. La place Saint-Ferréol, ornée de draperies rouges et blanches et de guirlandes de verdure, offrait un coup d'œil magnifique. On avait élevé un arc de triomphe sur lequel on lisait :

" *Augusto Napoleoni Augustæque Mariæ Ludovicæ Stratavilla semper fidelis.*"

Quelques pages encore et l'on était en mars 1814 ; pendant six jours Estrées ne recevait pas de courrier de Paris, puis elle apprenait la déchéance de l'empereur.

" A 3 heures de l'après-midi, les magistrats, réunis à l'hôtel de ville, appelèrent les habitants au son des cloches. Le maire parut au balcon de la grande salle et y proclama l'adhésion de la Ville au retour des Bourbons. Les assistants accueillirent cette lecture par les cris mille fois répétés de ' Vive le roi! Vive Louis XVIII !' et prirent tous la cocarde blanche.

" Bientôt on apprit que Louis XVIII avait débarqué à Calais et qu'il devait passer par Estrées. On organisa une garde d'honneur et un arc de triomphe fut dressé à la porte Saint-Ferréol. On y lisait cette inscription :

" *Regibus usque suis urbs Stratavilla fidelis.*"

" Le clergé de toutes les paroisses s'approcha pour complimenter le roi, et le maire présenta les clefs de la ville dans un bassin d'argent orné de fleurs de lys. Le roi lui répondit: ' Monsieur le maire, je prends les fleurs et je vous remets les clefs.' A ce moment, les matelots et les portefaix dételèrent les chevaux de la voiture et ils entrèrent dans la ville en la traînant. L'exaltation de la foule était telle qu'on ne saurait la décrire. Toutes les maisons étaient tendues de draperies blanches et bleues ornées de guirlandes, de devises et de drapeaux blancs fleurdelysés.

" Le roi assista à un *Te Deum* qui fut chanté à Saint-Ferréol et se rendit ensuite, toujours traîné par les matelots, à l'abbaye Saint-Pierre, où on lui avait préparé un logement."

Le soir tombait lentement; déjà les lettres grasses du vieux livre devenaient indistinctes, mais Aurelle voulait goûter jusqu'au bout l'histoire mélancolique de ce peuple inconstant; passant l'entrée triomphale de Charles X, il en venait aux journées de juillet:

" Le 29 juillet 1830, les journaux manquèrent; mais des lettres et quelques voyageurs arrivant de Paris annoncèrent que le drapeau tricolore avait été arboré sur les tours de Notre-Dame. Quelques jours après, on apprit que les combats avaient cessé et que l'héroïque population de la capitale était restée maîtresse de tous les postes.

" Bientôt Louis-Philippe, accompagné des ducs d'Orléans et de Nemours et se rendant à Lille, passa par Estrées. Il y fut reçu sous un arc de triomphe par le maire et le corps municipal. Toutes les maisons étaient tendues de draperies aux trois couleurs. Une foule immense faisait retentir l'air de ses accla-

mations. Le roi se rendit à la place de Saint-
Ferréol, où l'attendaient la garde nationale et
plusieurs compagnies de douaniers.

" Les divers corps de la garde urbaine dans la
meilleure tenue; l'étrangeté des gardes rurales dans
les rangs desquelles figuraient un grand nombre de
vieux soldats de Napoléon avec leurs anciens uni-
formes; les intrépides marins de Cayeux portant en
triomphe dix vieux drapeaux tricolores de primes de
pêche; les matelots des pataches, la carabine en
bandoulière et le sabre à la main, formaient le
tableau le plus animé, et cette fête pittoresque frap-
pa vivement le roi et les officiers de son état-major."

Là s'arrêtait le livre de Jean Valines; mais Aurelle,
tout en regardant le crépuscule baigner lentement le
jardin, se plut à imaginer la suite : la visite de Lamar-
tine sans doute, puis celle de Napoléon III, les arcs
de triomphe et les inscriptions, et hier peut-être
Carnot ou Fallières recevant du maire, sur la place
Saint-Ferréol, l'assurance du dévouement inaltér-
able aux institutions républicaines des fidèles popu-
lations d'Estrées. Puis l'avenir : des chefs inconnus;
peut-être les draperies seraient-elles rouges, peut-
être bleues, jusqu'au jour où quelque dieu aveugle
écraserait d'un coup de talon cette vénérable fourmilière humaine.

"Et chaque fois, songeait-il encore, l'enthousiasme
est sincère et les serments loyaux, et ces boutiquiers
honnêtes sont heureux de voir passer sous leurs
portes antiques ces souverains nouveaux qu'ils ne
choisissent jamais.

" Heureuse province ! Tu acceptes docilement les

Empires que Paris enfante avec douleur et la chute d'un régime ne change rien pour toi que les mots d'un discours ou les fleurs d'un plat d'argent... Que le docteur O'Grady n'est-il ici, il me réciterait l'Ecclésiaste."

Il essaya de se souvenir:

" Quel avantage a l'homme de tout le travail qu'il fait sous le soleil?

" Une génération passe et l'autre génération vient, mais la terre demeure toujours aussi ferme.

" Ce qui a été, c'est ce qui sera; ce qui a été fait, c'est ce qui se fera, et il n'y a rien de nouveau sous le soleil..."

— Aurelle, dit le colonel Musgrave, qui s'était approché sans qu'il s'en aperçût, si vous voulez, après votre dîner, voir le bombardement, montez sur le plateau. Le ciel est tout éclairé... nous attaquons demain matin.

En effet, un roulement lointain et voilé flottait dans l'air calme du soir. Un carillon mélancolique et cinq fois séculaire tintait au beffroi espagnol de la grand'place. Les premières étoiles se piquaient au-dessus des deux clochetons ironiques de l'église Saint-Ferréol et la vieille ville hautaine s'endormait au bruit familier des combats.

XXII

Le jardin provincial s'endort dans le soir tendre;
Un violon d'enfant joue " J'ai du bon tabac ";
Les cloches lentement tintent; l'on peut entendre
Vibrer dans l'air lointain le bruit sourd des combats.

Une étoile s'allume en un ciel qui grisaille;
Un arbre aux fins rameaux sur l'occident dessine
Un croquis japonais que la lune termine;
Une voix chante; un chien aboie; l'ombre tressaille.

La vie semble si douce en ce calme vallon
Que si l'homme n'avait, hélas! trop de mémoire,
Par un tel soir paisible il pourrait presque croire
Que ce monde menteur est l'œuvre d'un Dieu bon...

Cependant, par delà ces collines flexibles
Et sous ce même ciel au calme décevant,
A quelques lieues d'ici, par ce beau soir paisible
Les portes de l'enfer s'ouvrent pour des vivants.

XXIII

Le colonel Musgrave, qui prenait son café dans le noble salon du traitant Van Mopez, ouvrit la feuille rose du télégramme officiel et lut:

" *Directeur approvisionnements à colonel Musgrave.*

" *Dépôt indien Marseille encombré. Recevrez train spécial* 1000 *chèvres, également bergers indigènes, trouvez emplacement convenable et organisez ferme provisoire.*"

— Damnées soient les chèvres! dit-il.

Étant chargé de nourrir les Australiens, il trouvait injuste qu'il eût à subir par surcroît les conséquences des lois religieuses des Hindous. Mais rien ne troublait longtemps le colonel Musgrave: il fit demander son interprète.

— Aurelle, dit-il, j'attends ce soir mille chèvres: vous allez prendre ma voiture et courir la campagne. Il me faut pour cinq heures un terrain convenable et un petit bâtiment pour les bergers. Si le propriétaire refuse de vous louer, vous réquisitionnerez. *Have a cigar? Good-bye.*

Ayant ainsi disposé de ce premier souci, il se tourna vers son adjudant:

— Il me faut maintenant, dit-il, un officier pour commander ces chèvres! Excellente occasion pour nous débarrasser de ce capitaine Cassell qui est arrivé hier. Capitaine! Je lui ai demandé ce qu'il fait en ce temps de paix. Critique musical au *Morning Leader!*

C'est ainsi que le capitaine Cassell, critique musical, fut promu chevrier en chef. Aurelle trouva une fermière dont le mari était mobilisé et à laquelle il persuada, à grands frais d'éloquence, que la présence de mille chèvres dans ses clos de pommiers serait pour elle la source de toutes les prospérités. Il alla le soir à la gare chercher les chèvres avec Cassell, et tous deux traversèrent la ville à la tête de ce troupeau pittoresque qu'encadraient de vieux Indiens, semblables à des bergers de la Bible.

Le colonel Musgrave avait ordonné à Cassell de lui envoyer cent chèvres par jour pour le front. Dès le quatrième jour, Cassell fit remettre par un des enfants de la fermière une note brève annonçant, comme une chose toute naturelle, que son troupeau serait épuisé le lendemain et qu'il demandait un nouveau contingent de chèvres.

En ouvrant cette invraisemblable missive, le colonel fut tellement suffoqué qu'il en oublia de proclamer, suivant les rites, que Cassell était un damné fou. Les chiffres étaient trop simples pour qu'aucune erreur fût possible. Cassell avait reçu mille chèvres, il en avait expédié quatre cents, il devait lui en rester six cents.

Le colonel commanda sa voiture et ordonna à Aurelle de le mener à la ferme. Un joli chemin creux y conduisait. Les bâtiments étaient construits dans la manière rustique et forte de la fin du xviiie siècle.

— C'est un coin charmant, dit l'interprète, fier de sa trouvaille.

— Où est ce damné Cassell ? dit le colonel.

Ils le trouvèrent dans la cuisine, prenant une leçon de français avec la fille de la fermière. Il se leva avec la grâce aimable d'un gentilhomme campagnard que des amis de la ville viennent surprendre dans son ermitage.

— Hullo! colonel, dit-il, je suis très heureux de vous voir.

Le colonel alla droit à la question :

— Qu'est-ce que c'est que ce damné papier que vous m'avez envoyé ce matin ? Vous avez reçu mille chèvres. Vous m'en avez expédié quatre cents. Faites moi voir les autres.

Le terrain derrière la ferme descendait en pente douce vers un vallon boisé : il était planté de pommiers. Près d'une étable, couchés dans la boue, des bergers hindous goûtaient par avance aux joies du néant. Une odeur atroce montait de la vallée et, en approchant, le colonel vit une centaine de cadavres de chèvres qui commençaient à pourrir, le ventre ballonné, jetés au hasard dans la prairie. Quelques chevreaux maigres grignotaient tristement l'écorce des pommiers. En regardant au loin, dans les taillis qui couvraient l'autre versant de la vallée, on découvrait partout des chèvres échappées broutant les jeunes bois. Devant ce spectacle lamentable, Aurelle plaignit le malheureux Cassell.

Le colonel observait un silence hostile et redoutable.

— Est-ce que ce n'est pas joli, colonel, dit le critique musical de sa voix douce et pointue, toutes ces petites taches blanches qui piquent la verdure ?

*   *   *   *   *

— Ne pourrait-on, suggéra Aurelle, pendant le voyage de retour, demander l'avis d'un homme compétent ? Les chèvres ne supportent probablement pas de coucher en plein air dans ces pays humides.

Et peut-être aussi ne reçoivent-elles pas une nourriture convenable.

Le colonel fronça le sourcil.

— Pendant la guerre sud-africaine, dit-il, après un silence, nous employions pour nos transports un grand nombre de bœufs. Un jour, ces damnés bœufs se mirent à mourir par centaines sans qu'on sût pourquoi. Grand émoi à l'état-major. Un général quelconque trouva naturellement un expert qui, après avoir ennuyé toute l'armée de ses questions, finit par déclarer que les bœufs avaient froid. Il avait observé la même maladie dans le nord de l'Inde; on en garantissait les bêtes en leur faisant porter un vêtement spécial. Notez qu'un individu normal, doué de sens commun, pouvait voir que les bœufs étaient simplement surmenés. Mais le rapport suit son cours, arrive à l'état-major général, lequel fait télégraphier aux Indes pour commander quelques milliers de manteaux pour vaches.

Jusque-là tout allait bien; les bœufs mouraient de plus belle; l'expert, bien payé, avait un damné bon temps. Les choses ne se gâtèrent pour lui qu'à l'arrivée des manteaux. C'est très facile de mettre une couverture à une vache indienne qui attend docilement en baissant la tête. Mais à un taureau africain... essayez et vous m'en direz des nouvelles. Après quelques expériences, nos conducteurs s'y refusèrent. On fit venir l'expert et on lui dit: " Vous avez demandé des manteaux pour vaches; les voici. Montrez-nous comment on les leur met." Il eut une damnée veine de s'en tirer avec six mois d'hôpital.

Mais le même soir vint un nouveau télégramme

rose du Directeur des approvisionnements:

" *Chèvres arrivent au front à moitié mortes. Prière prendre mesures pour que ces animaux conservent quelque goût pour la vie.*"

Alors le colonel Musgrave se décida à téléphoner à Marseille pour demander un expert en chèvres.

L'expert arriva deux jours plus tard. C'était un gros fermier du Midi, sergent de territoriale. Il eut, par l'intermédiaire d'Aurelle, une longue conversation avec le colonel.

— Il y a une chose au monde, dit-il, dont les chèvres ne peuvent se passer: c'est la chaleur. Il faut leur construire des abris en planches très bas, sans ouvertures, les y laisser mariner dans leur crottin et elles seront heureuses!

— Moi, tu comprends, dit-il à l'interprète quand le colonel fut parti, je m'en fous pas mal de leurs chèvres, hé? Dans le Midi elles vivent en plein air et elles se portent comme toi et moi. Mais parlons de choses sérieuses. Est-ce que tu ne pourrais pas me faire mettre en sursis d'appel par tes Anglais pour m'occuper de leurs bestioles, hé?

On avait commencé à construire les huttes basses décrites par l'homme du Midi quand le corps indien écrivit au colonel Musgrave qu'ils avaient découvert un expert britannique et qu'ils le lui envoyaient.

Le nouvel augure était officier d'artillerie, mais les chèvres remplissaient sa vie. Aurelle, qui le promena beaucoup, constata qu'il regardait toutes choses dans la nature en se plaçant au point de vue d'une chèvre. Une cathédrale gothique était, selon lui, un abri médiocre pour des chèvres: elles y manqueraient d'air, mais on pourrait y remédier en brisant les vitraux.

Son premier conseil fut de mélanger de la mélasse au foin que l'on donnait aux animaux. Cela devait les faire engraisser et les guérir de cette mélancolie distinguée dont se plaignait le corps indien. On distribua donc aux bergers hindous de grandes jattes de mélasse. Les chèvres restèrent maigres et tristes, mais les bergers engraissèrent. Ces résultats surprirent l'expert.

On lui fit voir ensuite les plans des huttes; il parut consterné.

— S'il y a une chose au monde, dit-il, dont les chèvres ne peuvent se passer, c'est l'air. Il faut des étables très hautes avec de larges ouvertures!

Le colonel Musgrave ne lui en demanda pas davantage. Il le remercia avec une extrême politesse, puis fit appeler Aurelle.

— Écoutez-moi bien, lui dit-il, vous connaissez le lieutenant Honeysuckle, l'expert en chèvres? Well, je ne veux plus le voir. Je vous ordonne de chercher avec lui une nouvelle ferme: je vous défends de la trouver. Si vous pouvez le noyer, le faire écraser par ma voiture, ou dévorer par les chèvres, je vous recommanderai pour la croix de guerre. S'il reparaît ici avant que mes baraques soient terminées, je vous ferai fusiller. Allez.

Huit jours plus tard, le lieutenant Honeysuckle se cassait la jambe en tombant de cheval dans une cour de ferme. Le territorial de Marseille fut renvoyé à son corps. Quant aux chèvres, elles cessèrent de mourir un beau jour et personne ne sut jamais pourquoi.

XXIV

Un matin, Aurelle, voyant entrer dans son bureau un officier d'état-major anglais, à casquette cerclée de rouge et visière dorée, fut joyeusement surpris de reconnaître le major Parker.

— Hullo, sir! Que je suis donc content de vous voir! Mais vous ne m'aviez pas dit cela..., dit-il en montrant les insignes du pouvoir dictatorial.

— Well, dit le major, je vous ai écrit que le colonel Bramble avait été nommé général. Il commande maintenant notre ancienne brigade et je suis son *Brigade Major*. Je viens d'aller à la base inspecter nos renforts et le général m'a recommandé de vous cueillir en route et de vous amener pour le lunch. Il vous fera reconduire ce soir même; votre colonel n'y voit aucun inconvénient.

Nous sommes en ce moment cantonnés, ajouta-t-il, à côté de ce même village où le Padre a été tué: le général a pensé que vous aimeriez aller sur sa tombe.

Deux heures plus tard, ils approchaient du front et Aurelle retrouvait les paysages familiers: la petite ville anglaise et militaire avec, à chaque coin de rue, un policeman au bras balancé; le gros bourg à peine bombardé, mais où pourtant çà et là un toit déjà montre les côtes; la route où l'on rencontre de temps à autre un homme au casque plat chargé comme un mulet, puis, très vite, le village schématique qu'a dessiné le canon; les écriteaux " *This road is under observation*," et tout d'un coup une batterie aboyant du milieu d'un buisson bien camouflé.

Mais le major Parker, qui voyait ces choses tous les jours depuis trois ans, discourait sur un de ses thèmes favoris :

— Le soldat, Aurelle, est toujours roulé par le marchand et le politicien. L'Angleterre paiera dix mille livres par an un avocat ou un banquier ; mais quand elle trouve de splendides garçons comme moi qui lui conquièrent des empires et qui les lui conservent, elle leur donne tout juste de quoi nourrir leurs poneys de polo... Et encore...

— C'est bien la même chose en France, commença Aurelle, mais la voiture s'arrêta brusquement sur la place de l'église d'un village de cauchemar, et il reconnut H...

— Pauvre vieux village, qu'il a changé ! dit-il.

L'église, honteuse, laissait maintenant voir sa nef profanée ; les rares maisons encore debout n'étaient plus que deux triangles de pierre qui se regardaient tristement, et le haut bâtiment du tissage, atteint d'un obus à la hauteur du troisième étage, s'était courbé comme un peuplier sous un ouragan.

— Voulez-vous me suivre, dit le major ; nous avons dû placer le Q.G. de la brigade en dehors du village, qui devenait malsain... Marchez à vingt pas de moi : la saucisse est en l'air, il est inutile de lui montrer le chemin.

Aurelle suivit pendant un quart d'heure à travers la brousse et tout d'un coup se trouva nez à nez avec le général Bramble qui, debout à l'entrée d'un abri, regardait un avion suspect.

— Ah ! messiou, dit-il... Cela, c'est bien. Et tout son visage rude et vivement coloré sourit avec bonté.

— Ce sera comme un lunch d'autrefois, reprit-il, après qu'Aurelle l'eut félicité... J'ai fait emmener l'interprète par le staff captain. Car nous avons un autre interprète, messiou... J'ai pensé que vous n'aimeriez pas le voir à votre place. Mais il ne vous a pas réellement remplacé, messiou... Et j'ai aussi téléphoné aux Lennox qu'on envoie le docteur déjeuner avec nous.

Il les fit entrer au mess et donna au major Parker quelques détails de boutique. " Rien d'important : ils ont un peu abîmé la première ligne à E. 17 A... Nous avons eu une petite *strafe* hier soir. La division voulait un prisonnier pour identifier la relève boche... Oui, oui, cela a été all right... Les Lennox sont allés le chercher. J'ai vu l'homme, mais je n'ai pas encore leur rapport écrit."

— Comment, depuis hier soir ? dit Parker. Qu'ont-ils donc à faire ?

—Voyez-vous, messiou, dit le général, ce n'est plus le bon vieux temps... Parker ne maudit plus les casquettes dorées. On le maudit sans doute en ce moment lui-même dans le petit bois que vous voyez là-bas.

— Il est vrai, dit Parker, qu'il faut faire partie d'un état-major pour se rendre compte de l'importance du travail qui s'y fait. L'état-major est vraiment un cerveau sans lequel aucune action des bataillons n'est possible.

—Vous entendez, messiou, dit le général Bramble. Ce n'est plus la même chose, ce ne sera plus jamais la même chose. Le Padre ne sera pas là pour nous parler de l'Écosse et maudire les Évêques... Et je n'ai plus mon gramophone, messiou, je l'ai laissé au régiment avec tous mes disques. La vie du soldat est une vie très dure, messiou, mais nous avions un agréable petit mess aux Lennox, n'avions-nous pas?

Le docteur apparut à l'entrée de la tente:

— Entrez, O'Grady, entrez... En retard; il n'y a pas de créature plus malfaisante et plus brumeuse que vous.

Le lunch fut presque semblable à ceux du bon vieux temps (car il y avait déjà un bon vieux temps de cette guerre, qui n'était plus dans la fraîcheur de sa jeunesse). Les ordonnances apportèrent des pommes de terre bouillies et du mouton sauce à la menthe, et Aurelle eut avec le docteur une petite discussion amicale.

— Quand pensez-vous que la guerre sera finie, Aurelle? dit le docteur.

— Quand nous serons vainqueurs, coupa le général.

Mais le docteur voulut parler de la société des nations: il ne croyait pas à la dernière guerre.

— C'est une loi à peu près constante de l'humanité, dit-il, que les hommes passent à faire la guerre à peu près la moitié de leur temps. Un Français, nommé Lapouge, a calculé que de l'an 1100 à l'an 1500, l'Angleterre a été 207 ans en guerre et 212 ans de 1500 à 1900. Pour la France, les chiffres correspondants seraient 192 et 181 ans.

— Ceci est intéressant, dit le général.

— D'après ce même Lapouge, dix-neuf millions d'hommes par siècle sont tués à la guerre. Leur sang remplirait trois millions de tonneaux de 180 litres chacun et aurait alimenté une fontaine sanglante de 700 litres par heure depuis l'origine de l'histoire.

— Houugh, fit le général.

— Tout cela ne prouve pas, docteur, dit Aurelle, que votre fontaine continuera à couler. Pendant des centaines de siècles le meurtre a été une institution mondiale, et pourtant les tribunaux ont été fondés.

— Le meurtre, dit le docteur, ne paraît nullement avoir été une institution honorée par les primitifs. Caïn eut des ennuis, si je ne me trompe, avec la justice de son pays. De plus, les tribunaux n'ont pas supprimé les assassinats. Ils les punissent, ce qui n'est pas la même chose. Un certain nombre de conflits internationaux pourront être tranchés par le tribunal civil de l'humanité, mais il y aura des guerres passionnelles.

— Avez-vous lu la *Grande illusion*? dit Aurelle.

— Oui, dit le major, c'est un livre faux. Il prétend démontrer que la guerre est inutile, parce qu'elle ne rapporte rien. Nous le savons bien, mais qui se bat pour un profit? L'Angleterre n'a pas pris part à cette guerre pour conquérir, mais pour défendre son honneur. Quant à croire que les démocraties seront pacifiques, c'est une naïveté. Une nation digne de ce nom est plus susceptible encore qu'un monarque. L'ère des rois a été l'âge d'or, précédant l'âge d'airain des peuples.

— Voilà une vraie discussion d'autrefois, dit le général. Tous deux ont raison, tous deux ont tort. C'est tout à fait bien! Maintenant, docteur, recontez-moi l'histoire de votre permission et je serai parfaitement heureux.

Après le déjeuner, ils allèrent tous les quatre
jusqu'à la tombe du Padre.   Elle était dans un petit
cimetière, entourée d'herbes hautes que coupaient
çà et là des entonnoirs encore frais.   Le Padre était
entre deux lieutenants de vingt ans: les bleuets et
les plantes sauvages avaient étendu sur les trois
tombes un même manteau vivant.

— Après la guerre, dit le général Bramble, si je
suis de ce monde, je ferai mettre une pierre gravée:
" Ici repose un soldat et un sportsman." Cela lui
fera plaisir.

Les trois autres restaient silencieux et ressentaient
une même émotion grave et généreuse.   Aurelle entendait invinciblement chanter dans l'air bourdon-
nant de l'été la valse de la *Destinée* et revoyait le Padre quand il partait à cheval, les poches bourrées de
livres d'hymnes et de cigarettes pour les hommes. Le
docteur méditait: " Chaque fois que vous serez réunis, je serai avec vous... Quelle formule profonde et
vraie! Et comme la religion des morts est encore..."

— Allons, dit le général, il faut partir: la saucisse
boche est en l'air et nous sommes quatre. C'est trop:
ils tolèrent deux, mais il ne faut pas abuser de leur
courtoisie. Je vais continuer jusqu'aux tranchées.
Vous, Parker, vous allez reconduire Aurelle et si
vous désirez les accompagner, docteur, je dirai à
votre colonel que je vous ai donné congé pour
l'après-midi.

Les trois amis roulèrent longuement à travers les
steppes silencieuses qui, quelques mois auparavant,
étaient encore le champ de la bataille formidable
de la Somme. A perte de vue, c'étaient des croupes

aux ondulations molles, couvertes d'une herbe abondante et sauvage, des bouquets de troncs mutilés marquant la place de bois fameux, et des millions de coquelicots qui donnaient à ces prairies mortes un chaud reflet cuivré. Quelques rosiers tenaces aux belles roses épanouies étaient restés vivants dans ce désert audessous duquel dormait tout un peuple de morts. Çà et là des piquets, portant des écriteaux peints, comme ceux que l'on voit sur les quais des gares, rappelaient ces villages inconnus hier, mais dont les noms sonnent aujourd'hui comme ceux de Marathon ou de Rivoli: Contalmaison, Martinpuich, Thiepval.

—J'espère, dit Aurelle, qui regardait les innombrables petites croix, tantôt groupées en cimetières, tantôt isolées, j'espère que l'on consacrera à ces morts la terre qu'ils ont reconquise et que ce pays restera un immense cimetière champêtre où les enfants viendront apprendre le culte des héros.

— Quelle idée! dit le docteur; sans doute on respectera les tombes, mais autour d'elles on fera de belles récoltes dans deux ans. Cette terre est trop riche pour rester veuve: voyez cette floraison superbe de bleuets sur ces cratères à peine cicatrisés.

En effet, un peu plus loin quelques villages semblaient reprendre à la vie le goût vif des convalescents. Des devantures chargées de produits anglais, en paquets aux couleurs vives, égayaient les maisons en ruine. Puis, comme ils traversaient une bourgade aux maisons espagnoles:

— Oui, ce pays est merveilleux, dit encore le docteur, tous les peuples de l'Europe l'ont conquis tour à tour: il a vaincu chaque fois son conquérant.

— En faisant un crochet, dit Parker, nous pourrions voir le champ de bataille de Crécy, cela m'in-
téresserait. Vous ne nous en voulez pas je pense,
Aurelle, d'avoir vaincu Philippe de Valois? Votre
histoire militaire est trop glorieuse pour laisser
place à des ressentiments aussi lointains.

— Mes rancunes les plus longues ne durent pas
six cents ans, dit Aurelle; Crécy fut un match hono-
rablement joué: nous pouvons nous serrer la
main.

Le chauffeur reçut l'ordre de tourner à l'ouest et
ils arrivèrent sur le terrain de Crécy par la même
route basse qu'avait suivie l'armée de Philippe.

— Les Anglais, dit Parker, étaient rangés sur la
colline qui est en face de nous, leur droite vers
Crécy, leur gauche à Vadicourt, ce petit village
que vous voyez là-bas. Ils étaient environ trente
mille; il y avait cent mille Français. Ceux-ci appa-
rurent vers trois heures de l'après-midi et un violent orage éclata aussitôt.

— Je vois, dit le docteur, que le ciel trouvait déjà
plaisant d'arroser les offensives.

Parker expliqua les dispositions des deux armées
et les fortunes diverses de la bataille. Aurelle, sans
écouter, admirait les bois, les calmes villages, le poil
jaunissant de la terre et imaginait une fourmilière
d'hommes et de chevaux montant à l'assaut de
cette colline paisible.

— … Puis, conclut le major, quand le roi de
France et son armée eurent quitté le champ de
bataille, Édouard invita à dîner les principaux chefs

de corps, et tous mangèrent et burent en grande joie à cause de la belle aventure qui leur était advenue.

— Que c'était déjà bien anglais, dit Aurelle, cette invitation au mess du roi.

— Puis, continua Parker, il commanda à un Renaud de Ghehoben de prendre avec lui tous les chevaliers et clercs connaissant le blason...

— Les unités, dit le docteur, devront fournir pour ce soir au Q.G. de Sa Majesté un état nominal des barons possédant le brevet de héraldiste.

— ... et il leur ordonna de compter les morts et d'écrire les noms des chevaliers qu'ils pourraient reconnaître.

— ... L'Adjudant Général établira un état numérique des seigneurs tués en indiquant leur grade, dit le docteur.

— ... Renaud trouva onze princes, treize cents chevaliers et seize mille gens de pied.

Des nuages noirs et lourds couraient devant un soleil brûlant; un orage se préparait au delà de la colline. Par la vallée des clercs de Renaud, ils escaladèrent le plateau et Parker chercha la tour du haut de laquelle Édouard avait regardé la bataille.

— Je croyais, dit-il, qu'on en avait fait un moulin, mais je ne vois pas de moulin à l'horizon.

Aurelle, apercevant quelques vieux paysans qui moissonnaient dans un champ voisin, aidés par des enfants, s'approcha d'eux et leur demanda où se trouvait la tour:

—La tour? Y a point de tour par ici, dit un vieux; y a point de moulin non plus.

— Nous nous trompons peut-être, dit le major; demandez-lui si c'est bien ici qu'a eu lieu la bataille.

— La bataille? dit le vieux... Quelle bataille?

Et les gens de Crécy se remirent à ficeler en gerbes exactes les blés de cette terre invincible.

NOTES

P. 1. **ronronnèrent,** verbe imitatif du bruit que font les moteurs; comparez avec le vrombissement des aéroplanes.

houblonnière. Le houblon est une plante dont la fleur sert à fabriquer la bière, et qui pousse dans les houblonnières.

drôle. Le mot " drôle " n'a pas ici de sens comique, il signifie étrange, extraordinaire.

P. 2. **goujats,** des hommes sans moralité—un terme de mépris. " Ces raisins...sont bons pour les goujats," *Fables* de La Fontaine, iii, 11.

les Gallois, les habitants du pays de Galles. En étymologie, le *w* vient du *g*, par exemple Guillaume a donné William, gâter, to waste.

P. 3. **mais oui,** le *mais* est emphatique—beaucoup employé en conversation. Se traduit comme naturellement, certainement.

ne laissent pas...de, cesser ou s'abstenir de. Vos jugements sur les hommes parfois nous étonnent beaucoup.

en plongée, sous l'eau, du verbe plonger. L'expression " en plongée " s'emploie souvent en parlant de sous-marins.

messiou, monsieur.

heureux, il est heureux que...

goûter, apprécier.

les forts en thème, les bons élèves, ceux qui font de bonnes études, qui ne pensent qu'à leurs études.

P. 4. **nous instruire,** apprendre.

des êtres imprévus, des êtres qui disent et font des choses qui nous surprennent.

vous citez, vous mentionnez des mots, des phrases tirées des œuvres de Hérodote.

en flagrant délit, sur le fait, au moment même où vous lisiez.

chasse à courre, du verbe courir, se dit de la chasse au cerf, au renard, etc.

paysage, l'étendue du pays que l'on voit d'un seul aspect; aussi terme de peinture—c'est un beau paysage; cet artiste excelle dans ses paysages.

encadraient, servaient de cadre à—un *cadre* est une bordure de bois ou de bronze que l'on met autour des tableaux.

P. 5.   **chaume,** la paille qui sert à couvrir les vieilles maisons dans la campagne.

ternes, couleur de terre.

glaise, espèce de terre qui adhère aux souliers.

volets, ce sont des panneaux de bois plein que l'on met à l'extérieur des fenêtres des maisons, et qu'on ferme le soir.

entonnoir, terme figuré pour désigner le trou que fait dans la terre un obus qui éclate.

quelle coquetterie, terme de politesse qui veut dire " Vous ne voulez pas dire ce que vous dites," ou " Vous vous blâmez d'une faute que vous n'avez certainement pas."

crêtes des sillons, la partie la plus élevée des lignes creusées, et dans lesquelles on sème les céréales.

P. 6.   **débarrassez,** desservez, ôtez le couvert.

ordonnances, les soldats qui servent de domestiques aux officiers.

planton, un soldat qui est de service, en sentinelle.

chauvine, ardente patriote.

le Padre, terme espagnol appliqué très souvent aux prêtres.

s'adossa, mit son dos contre.

la paroi de sacs, le mur formé par des sacs placés les uns sur les autres.

P. 7.   **des flocons blancs,** de tout petits nuages blancs. Le mot " flocon " s'emploie le plus souvent pour désigner les flocons de neige.

avion, synonyme d'aéroplane.

pilonner, terme de guerre qui veut dire " envoyer des boulets de canon à intervalles fréquents et réguliers, rappelant les coups du marteau-pilon dans les fonderies."

visage recuit, expression figurée.   Le soleil des colonies avait coloré le visage du chapelain, et lui avait donné cette teinte que le feu donne aux choses qu'il cuit.

P. 8.   **cibles,** un objet que l'on place à une certaine

distance, et sur lequel on tire des coups de fusil pour s'exercer à bien tirer.

visière, la partie d'une casquette qui s'avance sur le front.

saugrenus, difficiles à comprendre, un peu ridicules.

échevelé, peu clair, mêlé comme des cheveux qui n'ont pas été brossés.

prière vous présenter, vous êtes priés de vous présenter. Le terme *prière* s'emploie très souvent comme formule télégraphique.

conseil de guerre, formé d'officiers supérieurs qui jugent des cas sérieux d'infraction à la discipline militaire. Il existe dans chaque corps d'armée.

le droit d'aînesse, un droit qui laisse au fils aîné d'une famille toute la fortune d'un père qui meurt sans testament. Cette coutume a été abolie en France par la Révolution de 1789.

évacué, envoyé à l'hôpital.

si une nouvelle affectation lui a été donnée, s'il a été envoyé dans un autre régiment.

P. 9. **roulades,** terme de musique. Plusieurs notes sur une même syllabe assez rapides pour rappeler l'idée d'un roulement forment une roulade.

étui, petite boîte ronde dans laquelle on met les disques quand on ne s'en sert pas. On dit aussi, un étui à lunettes, à cigarettes, etc.

fusée, pièce de feux d'artifice qui s'élève à une grande hauteur et qui éclate en l'air, répandant une puissante clarté.

mitrailleuse, petits canons à répétition pouvant tirer plusieurs centaines de coups à la minute, et qui ont joué un rôle très important dans les attaques.

P. 10. **au plus plat des romantismes,** au romantisme le plus vulgaire.

barcarole, un air de musique que l'on jouait dans les barques sur les canaux de Venise, le soir.

fard, composition que les acteurs se mettent sur le visage pour atténuer l'effet des lumières.

P. 12. **une émeute,** lorsque les habitants d'un pays, d'une ville sont en révolution, il y a dans les rues des batailles, des émeutes.

soupape, une ouverture dans les chaudières qui permet l'expulsion de l'excès de vapeur ou de gaz. Le mot " soupape " est employé ici au figuré.

par procuration, indirectement. La presse fait un récit des événements qui se passent loin de nous, et en le lisant on assiste de loin à ces événements.

P. 13. **bavards,** personnes qui parlent beaucoup pour ne rien dire d'intéressant.

meurtri, endolori, inconfortable par la souffrance.

de bon gré, avec bonne grâce; l'expression dérivée " bon gré mal gré " veut dire " que vous le vouliez ou non."

P. 14. **sergent infirmier,** le sergent qui s'occupe des malades.

déplacement, la quantité d'eau déplacée par un bateau.

cuirassé, vaisseau de guerre recouvert d'une espèce de cuirasse en acier.

carcan, expression vulgaire pour désigner un cheval que l'âge ou les mauvais traitements ont rendu incapable de tout service. Le *carcan* est un instrument de torture fort employé en Chine.

Courteline, écrivain français contemporain. Un des plus illustres représentants de l'esprit gaulois.

un bock, un verre de bière.

P. 15. **piloté,** servi de pilote, de guide.

P. 16. **cicatrice,** la marque laissée par une blessure.

P. 17. **les pantins,** ce sont des êtres sans caractère, qui agissent sans penser. On donne aussi le nom de " pantin " à ces jouets d'enfants représentant des hommes que l'on fait mouvoir au moyen d'une ficelle ou d'un fil.

P. 18. **musette,** le petit sac dans lequel les soldats mettent la nourriture dont ils auront besoin dans la journée.

grisette, un autre terme pour midinette, ces jeunes filles au cœur léger qui sortent des magasins tous les jours en groupe à midi, d'où leur nom de midinette.

mazette, un homme qui se croit musicien, et qui ne l'est pas du tout.

percutant, terme de guerre qui signifie un obus.

faire la causette, du verbe *causer* qui veut dire " converser dans l'intimité."

plaine spongieuse, la plaine qui absorbe l'eau comme une éponge. Les pluies étaient si fréquentes que les plaines étaient partout spongieuses.

P. 19. **étalera des réussites,** jouera au jeu de patience.

les plaisanteries qui ont de la bouteille, plaisanteries vieilles comme du vin qui pour être bon a dû passer de nombreuses années dans les bouteilles.

P. 20. **quand un obus le cingle de cailloux,** quand un obus en éclatant fait voler sur lui les cailloux. Le verbe *cingler* est un terme de marine qui veut dire " avancer contre le vent "; étymologie—allemande, *segeln*.

P. 21. **il n'y manque pas,** il le fait toujours.

P. 22. **elle se complaît,** simplement elle aime un bon sens vigoureux.

grinchus, qui murmurent, qui sont toujours de mauvaise humeur.

des soies pékinées, terme de modes pour désigner les soies qui ont des lignes noires et blanches.

directoire, comme ceux que l'on faisait à l'époque du Directoire, c'est à dire au commencement du 19e siècle.

merveilleuses,...muscadins, c'est le nom que l'on donnait, à l'époque du Directoire, aux jeunes filles, et aux jeunes hommes qui s'habillaient avec excentricité.

chevrons, c'étaient des marques sur les écussons de l'aristocratie.

dolmans, espèce de vêtement court et sans manches, que les élégants portaient sur l'épaule gauche, et que certains cavaliers portent encore dans l'armée française.

P. 23. **tambourinaient,** frappaient les fenêtres en imitant le roulement du tambour.

le raz de marée, c'est la vague formée par la marée qui monte et qui rencontre un courant opposé. Le raz de marée aux embouchures de la Seine et de la Garonne, atteint parfois des hauteurs prodigieuses et cause souvent des accidents aux vaisseaux à l'ancre. C'est le mascaret.

P. 24. **bouquin,** le nom que l'on donne à un vieux livre; les bouquinistes sur les quais de la Seine à Paris vendent et achètent ces vieux livres.

bien lisse, bien aplani et bien brillant.

P. 25. **Iplaigiu,** I pledge you.

étain, métal avec lequel on fabriquait autrefois les mesures des marchands de boissons.

P. 26. **survivances ancestrales,** les vieilles coutumes qui datent des ancêtres, et que l'on fait revivre.

Bergson, célèbre philosophe français.

P. 27. **sujets tabous,** sujets défendus.

sadisme, un plaisir malsain que l'on trouve en causant volontairement de la peine. Les principales illustrations du sadisme se trouvent dans les romans du Marquis de Sade (1740—1814).

P. 28. **ici gît,** ici repose. Du vieux verbe *gésir.* L'expression " ci-gît " se trouve gravée sur presque toutes les croix et monuments dans les cimetières de France.

P. 29. **le génie,** le génie est le régiment des ingénieurs. Ce sont les soldats du génie qui bâtissent les routes et les ponts, qui les font sauter en cas de besoin.

le brochet, un poisson de rivière qui pèse jusqu'à dix-huit ou vingt livres et qui mesure quelquefois plus d'un métre de longueur.

P. 30. **a fait escale,** s'est arrêté pendant quelque temps.

faire de la voile, faire des parties de bateau à voiles.

P. 31. **un terrain marécageux,** un terrain très humide, non cultivé, quelquefois recouvert d'eau sans écoulement.

aux États malais, de Malaisie.

P. 32. **ils vous cueillent,** ils vous saisissent, tout comme on cueille un fruit ou une fleur.

grincer, imiter le bruit désagréable que font une roue ou une porte qui ont besoin d'huile.

vous ne m'aurez pas à si bon compte, vous ne ferez pas ce que vous voudrez, sans que j'y mette quelque opposition.

P. 33. **je me mis à l'affût,** je me mis à guetter, on se met à l'affût pendant la nuit quand on chasse le lion, le tigre, la panthère, ou les autres animaux féroces.

si toi manquer celui-là, façon de parler nègre—si tu

manques celui-là.

P. 34. **moricaud,** expression familière pour désigner un homme de couleur brune.

indemniser, donner de l'argent comme compensation.

les requins, ce sont des poissons énormes et très féroces. Ils vivent dans les mers tropicales, suivent les gros bateaux quelquefois pendant des jours entiers, et se nourrissent de ce qui est jeté dans la mer.

les relents, odeur désagréable autour des cages des animaux carnaissiers dans les jardins zoologiques ou dans les ménageries.

P. 35. **sans queue ni tête,** sans commencement ni fin, c'est à dire sans raison.

ou peu s'en faut, ou presque.

la main encore sanglante, sur le fait. Cette expression fait penser aux criminels arrêtés avec des taches de sang encore sur les mains. Synonyme de " en flagrant délit ".

P. 36. **ces gens là ne doutent de rien,** ces gens-là s'attendent à trouver tout selon leurs désirs.

qu'il n'a pas encore déterré la hache de guerre, qu'il n'est pas encore réhabitué à la vie de la guerre.

déchiqueté, coupé en tous sens.

P. 37. **entonna,** commença. On dit souvent " il entonne une chanson "; cela vient du mot *ton*, terme musical.

P. 38. **la vie tiède du home.** Le mot *tiède* donne une idée de chaleur, du confort qu'on ne trouve que chez soi.

enfouit, cacha son visage dans ses mains, de façon à ce qu'on ne le vît plus.

P. 39. **vous honnisse,** expression très rarement employée, du vieux verbe *honnir* qui veut dire faire honte à quelqu'un. Le participe passé se retrouve dans la devise " Honi soit qui mal y pense," qui peut se paraphraser ainsi, " Honte à celui qui en pense du mal."

vous vomisse, vous accable d'injures ou d'insultes, expression assez vulgaire et fort rare.

P. 40. **qui n'en comporte pas,** qui n'en a pas.

en culotte marron, avec des culottes d'une couleur brune très prononcée.

P. 42. **par intérim,** en remplacement. Le lieutenant commandait la compagnie, en l'absence du capitaine. Celui qui fait le remplacement s'appelle *l'intérimaire.*

qu'il venait relever, dont il venait de prendre la place.

malsain, dangereux.

apprivoisés, qui ne sont plus sauvages. Dans les ménageries on cherche à apprivoiser les animaux sauvages.

ils ne demandent qu'à ne pas bouger, ils ne cherchent pas à être dérangés.

en flèche, comme on lance une flèche. La flèche est l'arme dont se servent encore les sauvages qui n'ont pas encore de fusil, et qui veulent frapper l'ennemi à distance.

à la rescousse, à l'aide.

une averse, une pluie abondante. On appelle *averses* les pluies qui suivent les orages, ou qui sont si fréquentes en mars et avril. Elles sont très abondantes, mais elles ne durent pas longtemps.

P. 43. **non qu'il fût peureux,** ce n'est pas parce qu'il était effrayé, qu'il avait peur.

le lieutenant était marteau, le lieutenant était ennuyeux. C'est une expression très familière, beaucoup plus employée dans les tranchées que dans un salon.

à cause des marmites, à cause des obus des très grosses pièces. L'expression *marmites* a été donnée par les soldats de la grande guerre à ces projectiles qui par leur forme rappellent les gros chaudrons qui servent à la campagne pour faire la soupe.

troglodyte, c'est ainsi que l'on appelle les peuplades d'Afrique qui demeurent dans des cavernes souterraines. Les soldats des tranchées étaient donc des troglodytes.

le lierre, c'est une plante grimpante que l'on trouve entourant les vieux arbres, ou les vieilles maisons.

P. 44. **ce reniement...lui valut la chambre,** ce reniement fut la raison pour laquelle il obtint la chambre.

le hauptmann, le capitaine; mot allemand.

il arpentait, il marchait de long en large.

le terre-plein, le plateau ferme et assez solide pour supporter le poids des grosses pièces de canon.

P. 45. **le point repéré,** le point dont on avait établi la position.

la poitrine...absorba la force vive, le private Scott reçut en pleine poitrine l'obus de 3·5 millimètres de diamètre.

P. 46. **la confession y est pour quelque chose,** la confession a quelque chose à faire avec cela.

le vœu de chasteté, le vœu que font les prêtres catholiques de ne pas se marier.

le docteur voile pudiquement, le docteur s'abstient avec discrétion de dire dans ses histoires, tout ce qui peut choquer le père Murphy.

P. 48. **gare à qui,** un malheur arrivera à celui qui... L'expression " gare à" est très fréquente, et veut dire " faites attention à..."

P. 49. **vous tombez mal,** vous arrivez à un mauvais moment.

strafer, punir, attaquer (note de l'auteur), du mot allemand—*strafen* qui veut dire punir.

enchanté de cette rare aubaine, très content d'une bonne occasion si rare.

il s'empressa, il se mit bien vite à la disposition du monsieur.

P. 50. **il devina dans l'ombre le prêtre,** il réalisa que le prêtre était là dans l'ombre.

P. 51. **un ruban de plus,** une décoration, ou une médaille de plus.

le seul jeu des lois naturelles, l'action seule de la nature.

si le canon sème à la bonne place, s'il se trouve assez près des obus qui éclatent sans lui faire trop de mal et en lui donnant cependant l'occasion de se distinguer et d'être vu.

il promena ses vieux rhumatismes, bien que souffrant de rhumatismes, il se rendit sur le champ de bataille.

détrempé, sur lequel il avait beaucoup plu.

le saillant d'Ypres, la partie qui s'avance, qui dépasse la ligne. Ypres est situé sur un saillant, et c'est ce qui a rendu si difficile la tâche de la garder.

P. 52. **le graissage des vieilles articulations,** le bon fonctionnement des membres du corps; l'auteur ici compare le corps et les articulations à une machine qui pour ne pas s'user trop vite a besoin de graisse.

boitant, marchant avec difficulté comme lorsque l'on a mal au pied.

vous pouvez reconnaître des bronchites, vous pouvez admettre à l'hôpital les hommes qui souffrent de bronchites, etc.

se gangrène, se détériore. La gangrène est une maladie terrible et mortelle qui provient d'un empoisonnement d'une partie du corps, et qui se communique rapidement à tout l'organisme.

P. 53. **à propos de bottes,** le colonel était réprimandé pour toutes sortes de choses, sans qu'il y ait de rapport entre aucune d'elles. Cette phrase doit être complétée pour comprendre la signification. "A propos de bottes, combien l'aune de fagots," telle est la locution primitive. On ne voit pas ici le rapprochement qui existe entre les bottes et le prix des fagots—c'est une leçon qui s'adresse à tous ceux qui parlent ou agissent hors de propos et sans qu'il y ait la moindre cohérence entre la parole déjà dite et celle qui suit. Cette expression se trouve déjà dans le *Pantagruel* de Rabelais. On la retrouve en 1616 dans la *Comédie des Proverbes.*

les mines flottantes à renversement, les mines qui au contact avec un corps solide se retournent et font explosion.

P. 54. **se mettre en tenue,** revêtir son plus bel uniforme.

P. 56. **estaminet,** l'endroit où se vendent et se boivent les vins et liqueurs.

on comprend pas ce qu'ils disent, on ne comprend pas. Les paysans français omettent très souvent le première partie de la négative dans leur conversation.

i m' nettoyait, il me nettoyait.

des frites, des pommes de terre frites.

obèse, grosse et grasse.

P. 57. **enlevez-moi,** le *moi* est purement explétif ici, et n'a aucun besoin d'être traduit.

ah bien! par exemple! une exclamation qui montre l'indignation de la brave femme, elle peut se traduire comme si l'on avait dit, " Non, non, jamais."

nom de Dieu, expression blasphématoire que disent quelquefois les gens fort en colère.

P. 58. **mercière,** une personne qui vend des gants, des
cols, et des cravates. Sa boutique s'appelle une mercerie.

héberger, donner l'hospitalité.

c'est des gens, ce sont des gens. Les paysans se soucient
fort peu de la grammaire.

qui ferait rudement bien l'affaire, qui serait exactement
ce dont nous avons besoin.

plaisantait, échangeait des plaisanteries.

P. 59. **les binious enrubannés,** le biniou est l'instrument
national écossais et breton. En Bretagne tous les bergers
ont leur biniou dont ils jouent pour passer le temps pendant
qu'ils gardent leurs troupeaux. Pour certaines fêtes, telles
que mariages, etc., ils attachent de longs rubans à leurs
binious et précèdent le cortège nuptial en jouant sur la route
les airs les plus connus.

le cabaretier, celui qui vend les boissons au cabaret, à
l'estaminet.

âpres au gain, désireuses de gagner par tous les moyens
possibles beaucoup d'argent.

finesse, intelligence.

le père était du même bois, expression familière qui veut
dire "le père était du même caractère," il avait les mêmes idées.

des obligations de la Défense nationale. Les certifi-
cats que le gouvernement a délivrés pendant la guerre à ceux
qui lui ont prêté leur argent, s'appellent des obligations de la
Défense nationale.

P. 60. **un gosse,** un enfant, expression familière, très
souvent dite mais rarement écrite.

je les aime point, je ne les aime pas. Les paysans se servent souvent de la négative " ne ... point."

la tirelire, une petit boîte dans laquelle on met ses économies.

un livret de caisse d'épargne, la caisse d'épargne est une
œuvre du gouvernement, où les gens qui ont de petites
économies peuvent les placer. Leur crédit et leur débit sont
inscrits sur des " livrets de caisse d'épargne." On peut placer

à la caisse d'épargne de un à deux milles francs.

parce que des fois que ce serait lui, parce que si par hasard c'était lui.

carottés, volés.

elle giflera le petit, elle donnera un coup sur la figure du petit garçon.

mon grand-père...trouva le joint, résolut le problème. L'expression " trouva le joint " est figurée et familière; elle veut dire " trouver la meilleure façon de prendre une affaire."

P. 61. **délie-moi du secret de la confession,** permets-moi de révéler les secrets de la confession. Les prêtres catholiques sont liés par un serment qui leur défend de révéler à qui que ce soit les confessions qu'ils reçoivent.

ma mère était chien, ma mère était avare. Cette expression a son origine dans le fait qu'un chien en possession d'un morceau quelconque ne le laisse pas aller à un autre chien, sans qu'il y ait bataille.

mafflues, quelquefois mafflées—qui a de grosses joues.

P. 62. **pérore,** parler beaucoup sans attacher trop d'importance au sens de ses paroles.

P. 63. **le bouclier d'Orion,** quelquefois appelé le baudrier d'Orion. Une constellation de l'hémisphère austral.

marées de puddings, le mot *marée*, qui au sens propre sert à désigner la mer qui monte et se retire, est employé ici au sens figuré, pour indiquer la venue en abondance des paquets et des lettres pour les soldats à l'époque de Noël.

touffe de gui, le gui est une plante parasite qui pousse généralement sur les pommiers et plus rarement sur les chênes. On s'en sert beaucoup pour décorer l'intérieur des maisons en Angleterre à Noël.

P. 64. **une accolade,** une façon de s'embrasser.

P. 65. **hérédité mendélienne,** théorie sur l'hérédité découverte par le savant Mendel.

de petits laiderons, de l'adjectif *laid*, le contraire de beau. Les laiderons sont ces jeunes filles qui manquent de charmes physiques.

P. 66. **les petits nez retroussés,** les nez dont le bout se relève.

myope, à la vue basse, c'est à dire qui ne voit que les choses qui sont très près de ses yeux.

tout votre soûl, autant que vous voudrez. Le mot *soûl* (*l* ne se prononce pas) veut dire " pleinement satisfait ". On dit " boire, manger, parler, tout son soûl," ce qui veut dire, *boire etc. autant que l'on veut.*

P. 68. **garde-barrière.** Toutes les fois qu'un chemin de fer traverse une route, il y a, de chaque côté, une barrière pour empêcher les accidents. Ces barrières sont ouvertes et fermées par une personne, généralement une femme, qui s'appelle la garde-barrière.

aux robes citadines, aux robes qui ressemblent à celles que l'on porte à la ville; *citadine* a l'origine latine—*civitas.*

le cafard, maladie passagère de l'esprit, plutôt que du corps, qui fait que l'on ne prend intérêt à aucune chose. Les soldats dans les tranchées souffraient souvent du cafard, lorsque leur inactivité était trop prolongée, que les vivres étaient bas, que l'eau leur montait à mi-jambes, etc.

la Sévigné. Madame de Sévigné vécut au dix-septième siècle. Elle est l'auteur d'un nombre considérable de lettres qui par leur charme, l'exactitude et la minutie des détails et des faits historiques, leur style, etc., ont classé leur auteur au rang des plus grands écrivains.

P. 70. **cornemuse,** biniou (note p. 59).

chasseurs à pied, nom donné à certaines troupes d'infanterie légère.

gardes-voies, qui gardent les voies du chemin de fer en temps de guerre.

quelque 'tête gonflée', rempli du sentiment de son importance.

P. 71. **sévit,** emprunté du latin *saevire.*

gueux, des gens malhonnêtes.

P. 72. **menteurs,** imposteurs.

P. 73. **annuler le bail,** rendre nul le contrat.

P. 74. **coincés,** dérivé de *coin.*

carotides, deux grosses artères qui portent le sang à la tête.

s'imbiber de brandy, "vin de Bordeaux est une boisson pour les enfants, Porto pour les hommes, mais quiconque veut être un héros doit s'imbiber de brandy," *Vie de Johnson*, par Boswell, Ch. 42.

aubade, concert donné le matin, sous les fenêtres de qqn. pour lui faire honneur.

P. 76. **crête,** partie la plus élevée d'une montagne, d'une colline.

il est fichu! c'en est fait de lui!

P. 77. **la pluie classique des offensives,** la régularité des pluies faisait penser au classicisme où tout était réglé d'avance.

remise, endroit pour mettre les voitures à couvert.

fredonnèrent, chantèrent à mi-voix, ou entre les dents sans articuler les paroles.

la question Alsacienne. C'est le problème de savoir si l'Alsace était vraiment française, et devait légitimement revenir à la France, rester à l'Allemagne, ou devenir indépendante. La solution de ce problème a été trouvée par les Alsaciens Lorrains eux-mêmes, qui ont profité depuis la guerre de 1870-71 de toutes les occasions possibles pour affirmer leur attachement à la France. A Saverne, petite ville d'Alsace, les Alsaciens, malgré l'oppression germanique, n'ont pas craint de braver en face les officiers allemands, et de déclarer ouvertement qu'ils étaient restés français.

Kléber, un des plus jeunes généraux de Bonaparte. Il mourut, assassiné en Égypte.

Belfort, la seule ville de l'Alsace que les Prussiens ne purent conquérir en 1870. Grâce à l'énergique intervention du ministre Thiers, elle ne fut pas annexée, et resta française.

les vertus ménagères, vertus des femmes qui s'occupent avec économie des affaires de la maison.

P. 78. **pâte visqueuse,** un mélange (d'herbe et de boue) qui adhère aux souliers, comme la pâte aux mains.

à très grande échelle, dans de grandes proportions.

parements, pièces rapportées à l'extrémité de la manche, et du col d'un costume.

P. 79. **bétonné,** dérivé de *béton*, mortier fait de chaux, de sable, et de gravier; garni de béton.

P. 80. **une batterie de 155,** une batterie de canons dont les boulets mesurent 155 mm. de diamètre.

remblai, dérivé de *remblayer*, rapporter de la terre pour rendre plus haut un terrain trop bas.

lisière, partie extrême, bord d'un bois, d'un champ.

à cheval sur une chaise, assis en face du dos de la chaise, avec une jambe de chaque côté.

P. 81. **yeux épeurés,** yeux qui n'avaient d'autre expression que la crainte; rarement employé.

P. 82. **brancard,** litière à bras sur laquelle les brancardiers transportent les blessés sur un champ de bataille.

P. 83. **charogne,** se dit généralement du corps d'un animal péri, qui est resté abandonné, et qui est en décomposition.

fouleront aux pieds, marcheront dessus.

le remplaçant, personne qui en remplace une autre dans une fonction civile ou militaire.

P. 84. **Comte de Dorset,** Charles Sackville, sixième Comte de Dorset, 1638-1706, patron de la littérature, et bienfaiteur de Dryden. Auteur de satires et de chansons.

maniérés, affectés.

il vous fait des yeux en coulisse, il regarde les yeux à demi-fermés.

délabré, dilapidé.

accrochés à nos bastingages, nous tenant ferme aux moindres supports du bateau.

P. 85. **andante,** terme musical, qui veut dire langoureux.

Dies irae, le chant funèbre de la religion catholique romaine.

P. 86. **se joue du temps,** n'a rien à faire avec le temps.

chaussures, tout ce qui sert à chausser extérieurement les pieds.

P. 87. **nostalgie,** mal du pays, ennui causé par le regret du pays natal.

razzias, mot arabe, incursions, invasions des territoires ennemis pour enlever le butin.

gosier, partie intérieure de la gorge, ici = voix.

P. 88. **sac de couchage,** sac dans lequel les soldats se mettent pour dormir en plein air.

d'une bien curieuse actualité, tout à fait relatif à ce qui est actuel.

fourmilières, lieux où vivent les fourmis.

P. 89. **entretenues,** pourvues de ce qui est nécessaire.

casqués et blindés, leurs têtes et leurs corps protégés contre les attaques extérieures.

P. 90. **médecin aliéniste,** médecin qui s'occupe de l'aliénation mentale—la folie qui se manifeste par le désordre des facultés intellectuelles.

maillot, costume de laine pour se baigner dans la mer.

brumeuses, dont les esprits semblent obscurcis comme par un brouillard.

moulé, parfaitement enveloppé, comme par un moule.

P. 91. **liasse,** paquet de lettres liées ensemble.

cachet, empreinte à la cire sur une lettre, etc., pour empêcher de l'ouvrir.

technique, civil.

cantonnés, installés, établis.

à toutes fins utiles, rendez les instructions aussi utiles que possible.

polytechnicien, élève ingénieur sortant de l'école polytechnique.

P. 92. **met en équation,** il traite toutes les questions par l'algèbre.

enceinte, le cercle intérieur aux travaux de défense.

réclamation, protestation, plainte.

G.Q.G., Grand Quartier Général.

P. 93. **âge canonique,** d'un certain âge.

P. 94. **camion automobile,** grosse voiture automobile.

traitement, appointements ou rétribution de hauts fonctionnaires.

P. 95. **état,** relevé des comptes à la fin de chaque mois.

plaque de recul, un instrument qui protège contre le mouvement en arrière d'une pièce qui fait feu.

service de l'ordonnance, commissariat.

P. 96. **que ne le disiez-vous**, pourquoi ne le disiez-vous pas.

David dit, I Samuel xxx, 24.

P. 97. **tant bien que mal,** n'importe comment.

P. 98. **à rebours,** en sens contraire.

déboires, désappointements.

P. 99. **cabanon,** salle matelassée pour fous dangereux.

faire de la suggestion, exercer un pouvoir magnétique sur une autre personne.

decharné, dégarni de chair.

P. 101. **éblouissement,** faiblesse passagère pendant laquelle il semble que tout tourne autour de soi.

rôtissoires, ustensile de cuisine pour rôtir la viande.

prendrai des actions, i.e. sur la compagnie qui exportera les idoles, etc.

P. 102. **carie,** maladie des dents.

c'était pourri, tout était en décomposition.

tissage, le bâtiment où l'on fabrique de la laine, où elle est nettoyée et préparée pour le commerce.

piqué, dilapidé.

tare, une imperfection qui déprécie la valeur de quelque-chose.

P. 103. **déveine,** mauvaise chance.

P. 104. **autopsie,** examen médical après la mort.

agacé, légèrement ennuyé.

P. 106. **griffonner,** écrire, composer à la hâte.

nous n'en serions pas là, nous ne serions pas descendus si bas.

mirlitonesque, vers irréguliers qu'on trouve généralement sur les instruments musicaux à bon marché.

bobards, plaisanteries.

P. 107. **rimaillait,** essayait de faire des vers.

entonnoir, le trou fait par un obus qui éclate.

P. 108. **chiffon de papier,** morceau de papier généralement froissé comme inutile.

P. 109. **corolle de collines,** collines rangées comme la corolle d'une fleur.

étamines, i.e. les clochers d'Estrées ressemblent aux étamines des fleurs.

ligueurs, les partisans de la ligue qui au seizième siècle fut formée pour soutenir le parti catholique.

écrin, boîte à renfermer les bijoux.

traitant, un gros marchand.

P. 110. **nourrissons,** enfants.

P. 111. **égide,** appareil pour protéger contre les coups de l'ennemi; Latin, *aegis*.

haie, la garde nationale bordait la voie des deux côtés.

P. 112. **Stratavilla,** Estrées latinisé.

cocarde, insigne aux couleurs nationales.

P. 114. **primes de pêche,** les prix obtenus dans les concours de pêche.

matelots des pataches, les marins des plus anciens bateaux.

P. 115. **cinq fois séculaire,** qui était là depuis cinq siècles.

P. 116. **j'ai du bon tabac,** un air que chantent les petits enfants:

> " J'ai du bon tabac
> Dans ma tabatière.
> J'ai du bon tabac,
> Tu n'en auras pas."

un ciel qui grisaille, que les brouillards et la fumée rendent gris.

P. 117. **traitant,** aubergiste; du verbe *traiter*.

indigènes, nés dans le pays d'où viennent les chèvres.

par surcroît, en plus.

P. 118. **clos de pommiers,** un champ entouré d'une grille, ou de palissades, et dans lequel poussent les pommiers.

qu'encadraient, qui étaient entourés, comme un tableau est entouré par un cadre.

P. 119. **le néant,** Dieu a tiré l'univers du néant.

les taillis, les bois formés d'arbustes.

P. 120. **surmenés,** accablés de travail.

vous m'en direz des nouvelles, vous me direz ce que vous en pensez.

veine, chance; avoir de la veine, c'est être heureux.

s'en tirer avec six mois d'hôpital, il eut la chance de n'être pas tué, et de n'avoir que six mois d'hôpital.

P. 121. **un gros fermier,** un fermier qui fait de bonnes affaires.

mariner dans leur crottin, les laisser sans les déranger ni même changer leur litière.

je m'en fous pas mal de leurs chèvres, je ne m'inquiète pas du tout du sort de leurs chèvres. Expression vulgaire.

en sursis d'appel, faire retarder mon appel sous les drapeaux.

leurs bestioles, leurs animaux.

P. 122. **la mélasse,** le sirop qui reste après la cristallisation du sucre.

P. 123. **de vous cueillir en route,** de vous prendre avec moi en passant.

le gros bourg, un bourg est une agglomération de rues, de maisons, de boutiques, etc., trop considérable pour être appelé un village, et trop petit pour être classé parmi les villes.

le village schématique, ce qui reste du village après que le canon y a fait son œuvre sinistre.

bien camouflé, bien dissimulé, bien caché. Les mots *camouflage, camoufleur, camoufler* n'avaient jamais été employés autant que pendant cette guerre. Il est vrai que jamais l'imagination des hommes n'avait été autant mise à contribution pour cacher à l'ennemi l'emplacement des canons, des aéroplanes et des hommes.

P. 124. **le soldat est toujours roulé par le marchand,** le soldat est toujours trompé par le marchand. Le terme *rouler* quelqu'un est fréquemment employé en conversation. On l'écrit moins souvent.

un village de cauchemar, un village où des choses terribles se sont passées. Un cauchemar est un rêve horrible.

qui devenait malsain, qui devenait dangereux.

la saucisse est en l'air, le ballon d'observation est en l'air. On a donné le nom de saucisse aux ballons d'observation, à cause de leur forme.

la brousse, la terre qui n'est pas cultivée, et où poussent toutes sortes de buissons et d'herbes s'appelle la brousse.

P. 125. **identifier la relève boche,** savoir quelles troupes allemandes avaient remplacé celles qui venaient de quitter les tranchées.

P. 126. **n'avions-nous pas,** c'est une traduction littérale de l'Anglais.   Un Français aurait dit " n'est-ce pas."

P. 127. **tranchés,** arrangés.

l'ère des rois, l'époque des rois.

P. 128. **à perte de vue,** aussi loin qu'on peut voir.

P. 129. **un chaud reflet cuivré,** une couleur de cuivre dont la vue seule réchauffe.

des piquets, de longs bâtons plantés en terre pour servir à marquer un emplacement.

des écriteaux, de petites planchettes sur lesquelles on écrit ou peint une inscription quelconque.

P. 130. **un crochet,** un tournant brusque.

P. 131. **le blason,** les membres de l'aristocratie ont leur blason, leur devise, leur écusson—toutes ces marques particulières à chaque maison noble sont inscrits sur un grand livre qu'on appelle *blason.*

P. 132. **ficeler en gerbes exactes,** quand le blé est coupé, les paysans font des gerbes aussi exactes en volume et en poids que possible.

A SHORT LIST OF WAR AND MILITARY TERMS TO BE FOUND IN *LES SILENCES DU COLONEL BRAMBLE* AND *LES DISCOURS DU DOCTEUR O'GRADY*

A

abri (*m.*), a dug-out (a room built underground so as to protect occupiers from bombs and shells).

aéro (*m.*), an aeroplane.

allez vous coucher, leave me alone.

Anastasie, censor.

artiflot (*m.*), an artilleryman.

as (*m.*), a distinguished airman.

astiquer, to polish.

avion (*m.*), an aeroplane.

azor (*m.*), knapsack.

B

balancé (bien), as near to perfection as possible.

balle (*f.*), one franc.

ballot (*m.*), a simpleton.

balthazar (*m.*), a feast.

barder (ça va), there is excitement coming.

bardin (*m.*), soldier's personal luggage.

basane (*f.*), cavalry.

baveux (*m.*), newspaper.

becquetance (*f.*), the food.

becqueter, to eat.

bégayer, to shoot with a machine-gun.

Bertha (grosse), huge shell fired by the long-distance German guns.

Biffin, infantryman.

Bigre! By Jove!

billard (*m.*), operating table.

bistouille (*f.*), mixture of coffee and brandy.

La Blafarde, the moon.

blaguer, to joke.

blanc-bec (*m.*), a raw recruit.

boche, German.

Bocherie, German misdeeds.

Bochie, Germany.

Bochisme, German culture.

Bochonnerie, poisonous gas.

boîte à pilules (*f.*), pill box.

bon cent! hang it all!

bouchers noirs (*m.*), heavy-artillery men.

boucler, to send to the guard-room or to jail.

bouffarde (*f.*), pipe.

bouge (*m.*), disreputable drinking booth.

boule (*f.*), soldier's loaf of bread.

boulot (*m.*), ordinary work.

bourrage crâne (*m.*), untrue story.

boustiffaille (*f.*), food.

boyau (*m.*), passage joining two trenches.

branche! (ma vieille); my old pal.

brutal (*m.*), treacherous wine.

C

cabot (*m.*), corporal.

caboulot (*m.*), a country or second-rate inn.

cafard (*m.*), the blues—low spirits.

cafard (avoir le), to be down-hearted.

cafarde (*f.*), the moon.

cagibi (*f.*), ⎫ a shelter in the
cagna (*f.*), ⎭ trenches.

cahoua (*m.*), coffee.

camouflage (*m.*), disguise.

canard (*m.*), a false rumour.
cantoche (*f.*), canteen.
carcan (*m.*), an old horse.
carotte (*f.*), a trick to get money.
caser (se), to find a job.
chien (être), to be near with one's money.
chiner, to rag.
civlot (*m.*), a civilian.
en civlot, in mufti.
copain (*m.*), a pal.
cratère (*m.*), a shell hole.
crénom! my word!
crétin (*m.*), a worthless fellow.
cuistance (*f.*), food.
cuistat (*m.*), the cook.
culot (*m.*), cheek!
culot (avoir du), to be cheeky—to have nerves.
cure-dents (*m.*), bayonet.

D

dadais (*m.*), a simpleton.
débrouillard (il est), he is a smart fellow.
déguerpir, to get away.
déveine (*f.*), bad luck.
doublard (*m.*), a re-enlisted soldier.

E

écoper, to catch it (to have a bad time of it).
écraser (en), to take it easy —(to fall asleep over one's work).
électrique (*m.*), strong wine.
embêter, to annoy—to worry.
embusqué (*m.*), a shirker.
entonnoir (*m.*), a shell hole (funnel-shaped).
éreinter, to break something —or somebody down.

estamper, to cheat (not at cards).

F

fafiots (*m.*), money—bank-notes.
fagoté, dressed anyhow.
falzar (*m.*), a pair of trousers.
fichu! (il est), he is done for!
fiflot (*m.*), a private soldier.
fignolé, well-groomed.
flancher, to be afraid.
flingue (*m.*), **flinguot** (*m.*), the rifle.
fourbi (*m.*), a soldier's implements (sometimes the work to be done).
fourchette (*f.*), bayonet.
fous (je m'en fous), or **(je m'en fiche)**, I don't care.
frangin (*m.*), a brother.
fricot (*m.*), food.
Fritz, German soldier.
frusques (*m.*), clothes.
fusains (*m.*), legs.
fusée (*f.*), rocket—lighting shell.

G

gaffe (*f.*), a blunder.
les gars (pronounced **gâ**), the boys.
gazer, to smoke.
gigolo (*m.*), a swaggering man.
gniole (*f.*), brandy.
godasses (*f.*), boots.
gosse (*m.*), urchin.
gourbi (*m.*), a shelter.
gourde (*f.*), a fool.
grisette (*f.*), light-hearted young girl.
gros-noir (*m.*), a huge shell.
grouiller (se), to hurry up.

H

hosteau (à l'), at the hospital.
huiles (les), the staff officers.
Huns (*m.*), the Germans.

J

Joséphine, bayonet.
jus (*m.*), coffee.
juteux (*m.*), adjutant.

K

kif-kif (c'est), that's just the same.

L

lanterner, to waste one's time —to take too long over a job.
légumes (*m.*), high officials.
lingue (*m.*), a knife.
lourde (*f.*), a door.
loustic (*m.*), a wag.

M

machine a découdre (*f.*), machine-gun.
mal-blanchi (*m.*), a coloured soldier.
mar (j'en ai), I have had enough (I'm fed up).
marmite (*f.*), a huge shell (a Jack Johnson).
marteau (il est), he is not all there.
mazette! oh dear!
mercanti (*m.*), a war profiteer.
midinette (*f.*), a shop assistant, to be seen in their thousands in the rue de la Paix, at mid-day (hence *midinettes*).
moricaud (*m.*), a black man.
moulin à café (*m.*), a machine-gun.
musette (*f.*), provision-bag

carried by every soldier, also the student's companion in allusion to the romantic days sung of by H. Murger in " La Vie de Bohème," when every student had his " Musette."

N

na poo (il n'y en a plus), it's all over.
nippe! (il se), he is smartly dressed.
nipper (se), to put on one's clothes.
nippes (*f.*), clothes.
noce (il fait la), he spends much money, leading a disreputable life.
noceur (*m.*), a libertine.

O

officemar (*m.*), an officer.

P

pageot (*m.*), bed.
se pagnoter, to go to bed.
Paname, Paris.
paquebot (*m.*), ambulance carriage.
patelin (*m.*), home.
patron (*m.*), captain.
pépère (*m.*), a territorial soldier.
pépère (il est), he is comfortable, well off.
perlot (*m.*), tobacco.
perme (*f.*), leave, furlough.
perpète (à), for ever.
pétard (*m.*), a hand-grenade.
pieu (*m.*), a bed.
pillonner, to smash up a certain ground by a repeated bombardment.

pinard (*m.*), wine.
pioupiou (*m.*), private infantryman.
plombe (*f.*), an hour.
pognon (*m*), money.
poilu (*m.*), the French Tommy. The word *poilu* was used before the war when speaking of an unshaven man or of a strong, hearty fellow. Since the war it means much more, and it stands now for the tenacity, bravery, self-denial, and in all circumstances the unconquerable spirit of the French soldier.
poiroter, to be kept waiting.
pôte, pôteau (*m.*), a pal — a staunch friend.

R

rabiot (*m.*), an extra (work or food).
ragot (*m.*), gossip.
ramasse-miettes (*m.*), stretcher-bearers.
rapiat, ungenerous.
raser, to bore.
refroidir, to kill.
reluquer, to examine—to stare.
rempiler, to re-enlist.
représailles (*f.*), reprisals.
rigolo, amusing.
risette (faire), to smile.
Rosalie, bayonet (term of affection).
rosse, unpopular.
rouler, to deceive.
rouspêter, to answer back—grumble.
rupin, smart.

S

sac de couchage (*m.*), sleeping bag.
sans-culottes (*m.*), soldiers of the Revolution. Thus called because as a protest against all aristocratic customs they started wearing long trousers instead of the knee-breeches (*culottes*) still worn by the upper classes.
saucisse (*f.*), captive balloon (sausage-shaped).
schrapnel (*m.*), explosive shell.
strafer, to punish (from the German *strafen*).

T

tabou, forbidden (expression which has come from Polynesia where it expresses a religious interdiction to touch certain things).
tanguer, to dance the tango.
taupes (*f.*), German soldiers working underground like moles (*taupes*) to place their mines.
tire-au-flanc (*m.*), a shirker.
tire-boche (*m.*), bayonet.
tourne-boche (*m.*), bayonet.

V

veine (*f.*), good luck.
voyou (*m.*), an unprincipled, disreputable fellow.

Z

zieuter, to observe, to stare at somebody.
zigomar (*m.*), a cavalry sabre.
zouzou (*m.*), an African soldier (Zouave).

Printed by Printforce, United Kingdom